期货与金融衍生品系列丛书

总编 姜 岩

中国期货市场初创年代回忆

贺 涛 著

中国金融出版社

责任编辑：童祎薇
责任校对：潘　洁
责任印制：陈晓川

图书在版编目（CIP）数据

中国期货市场初创年代回忆/贺涛著 . —北京：中国金融出版社，
2019. 2

ISBN 978 - 7 - 5049 - 9912 - 2

Ⅰ. ①中⋯　Ⅱ. ①贺⋯　Ⅲ. ①期货市场—经济史—史料—中国　
Ⅳ. ①F832. 5

中国版本图书馆 CIP 数据核字（2018）第 286292 号

中国期货市场初创年代回忆
Zhongguo Qihuo Shichang Chuchuang Niandai Huiyi

出版
发行　中国金融出版社

社址　北京市丰台区益泽路 2 号
市场开发部　（010）63266347，63805472，63439533（传真）
网上书店　http://www.chinafph.com
　　　　　（010）63286832，63365686（传真）
读者服务部　（010）66070833，62568380
邮编　100071
经销　新华书店
印刷　北京市松源印刷有限公司
尺寸　169 毫米 ×239 毫米
印张　15. 75
字数　194 千
版次　2019 年 2 月第 1 版
印次　2019 年 2 月第 1 次印刷
定价　42. 00 元
ISBN 978 - 7 - 5049 - 9912 - 2
如出现印装错误本社负责调换　联系电话（010）63263947

总　序

今年是我国改革开放40周年。40年来，通过改革开放接轨全球化发展，中国发生了翻天覆地的变化，对世界经济格局及历史进程产生了深刻的影响。中国期货市场的创立和发展，是中国改革开放40年历史中的一段缩影。期货市场的出现，适应了中国经济从计划经济体制向市场经济体制转型的需要；期货市场稳步健康发展，成为中国特色社会主义市场经济体系的重要组成部分，落实了党中央、国务院的重要战略部署。近30年的时光，中国期货市场历经从无到有、从小到大，牢记使命、不忘初心，在提供定价服务、推动产业转型、协助风险管理等方面发挥着不可替代的作用。

2018年，距世界上第一个期货交易所——芝加哥期货交易所诞生，已经过去170年。在这170年中，世界期货市场几经沉浮，在全球金融市场体系中的影响力日渐深远。上海期货交易所自1999年创建至今，不过经历了短短十九个年头，这十九年间，期货品种由3个扩展到15个，同时据FIA统计，2017年上期所成交量（按成交合约张数计）在全球商品期货与期权交易所中名列第一；十九年间，我们逐渐形成了一整套具有中国特色的风险防控体系，规则制度不断完善，一线监管能力持续提升；十九年间，我们在国内率先开展保税交割、连续交易、开发国际化品种，稳步推进对外开放步伐。十九年间，期货市场规模稳步上升、结构日益完善、功能逐渐深化，是我们坚持服务中国经济改革开放的成果，坚持期货市场改革开放的成果，也为新时代的发展奠定了坚实基础。

2018年是全面贯彻党的十九大精神的开局之年，也是上海期货交易所"三五"规划的元年。未来五年，是我国"两个一百年"奋斗目标的历史交汇期，是贯彻新发展理念、建设现代化经济体系及富有国际竞争力的中国特色资本市场的关键时期，也是我国期货市场更好服务实体经济、服务国家开放战略的重要机遇期。以党的十九大报告中提炼概括的"八个明确""十四个坚持"作为开展各项工作的根本遵循，紧紧围绕服务实体经济、防控金融风险、深化金融改革三项任务，牢记服务实体经济使命，将上期所建设成为产品种类齐全、客户遍布全球、信息集中共享、技术安全领先的规范、高效、透明、综合性的世界一流交易所，是更好服务实体经济的必由之路，是紧密融入国家战略的内在要求。

在以"开放合作、变革创新"为鲜明特点的全球化背景下，建设富有国际竞争力的中国特色期货市场，必然需要坚实的理论基础和丰富的科研成果作为支撑。上海期货交易所一直高度重视期货市场的研究工作。"期货与金融衍生品系列丛书"自2002年开始策划和出版以来，在历任交易所主要领导主持下，坚持问题导向，汇聚社会各界研究力量，积极开展期货市场的基础性、前瞻性、实践性问题的研究，深入总结期货市场发展的规律，多方面、多维度对我国期货市场的建设和发展开展研究。至2017年底，丛书已出版33本，内容涵盖关于期货市场发展、制度建设、品种开发、国际比较等有关期货与衍生品市场发展的重要研究成果，以及多本国际知名期货衍生品图书的中译本，在业内取得广泛好评，为我国期货与衍生品研究积累了宝贵的文献资料，更为我国期货市场的发展提供了坚实的理论支撑。未来，上海期货交易所将继续推进和完善丛书出版工作，立足本土，放眼全球，继续为行业和市场提供智力支持。

当前国内外环境纷繁多变，挑战和机遇并存。面对新形势新任务新要求，上海期货交易所将坚持以习近平新时代中国特色社会主义思想为指引，以建设世界一流交易所为目标，按照"以世界眼光谋划未来、以国际标准建立规则、以本土优势彰显特色"的基本思路，做好"寻标、对标、达标、夺标"四篇文章，紧紧围绕产品多元化、市场国际化、信息集成化、技术强所、人才兴所五大战略，在稳中求进的总基调下，努力提高上期所服务实体经济的能力水平以及在全球范围内的影响力，为中国资本市场建设贡献力量！

上海期货交易所理事长　姜岩

2018 年 9 月

目　录

新中国期货市场的建立与发展[①]

　　新中国期货市场建立于 20 世纪 90 年代初，是中国改革开放和市场经济的产物。中国期货市场经过二十多年的发展，已成为全球名列前茅的、极为活跃的新兴市场。

　　回顾中国期货市场建立与发展的历史，就是要继承和发扬改革创新精神，进一步推动中国特色社会主义市场经济的发展，进一步提高我国在国际资本市场和商品市场的价格话语权。

一、新中国期货市场建立的背景

　　期货市场是商品经济发展到一定阶段的产物。早期期货市场主要是商品交易，现代期货市场不仅仅是商品交易市场，而且还是投资市场。特别是在 20 世纪 70 年代金融期货品种产生后，买卖包括商品和金融产品在内的期货交易，不仅是取得物权或对冲风险，而且是进行套利的一种投资行为，许多商品期货也越来越具有金融属性。因此，期货市场已成为现代资本市场的重要组成部分。

　　新中国期货市场建立的背景，可以从两个角度考察：一方面可以从新中国成立前期货市场角度，另一方面可以从改革开放角度。

　　（一）新中国成立前期货市场简述

　　1. 新中国成立前交易所雏形的出现。20 世纪初，随着中国民族工

---

　　①　根据贺涛 2016 年 8 月 18 日在上海期货交易所演讲整理。

商业的发展，为了抵御外资侵蚀，便于业内交易，逐步形成了一些行业公会，成为旧中国期货交易所的前身。这些行业公会成立后，在固定会所，按照一定的规则进行商品或证券交易，以现货交易为主，也有定期交易等类似期货交易的形式。如面粉业有上海机器面粉公会贸易所，专做面粉交易。其中，面粉的定期交易（类似期货交易）由顾客与工厂定好期限和价格，成交时，顾客先付定金，工厂开具发票，双方签字盖章，各持一份。凭此发票到期交清货款，换栈单，再凭栈单提货。定期交易也可做空盘买卖。再如上海金业公所，对交易、结算和交割都订立规则，尤其是对定期买卖有比较详细的规定。以后成立的交易所，多数是由公会或公所改组。如上海股票商业公会改组为上海华商证券交易所；上海机器面粉公会贸易所改组为中国机制面粉上海交易所；上海金业公所改组为上海金业交易所。

2. 新中国成立前期货市场的形成。早在光绪年间，梁启超就提出组织"股份懋迁公司"的建议。1913 年，民国政府农商部召集全国工商界巨头，开会决定在交通发达、商业繁荣的大城市酌量设置一些交易所。1914 年，财政部又提议由官商合办交易所。1916 年上海的虞洽卿与孙中山建议成立上海交易所股份有限公司，提交农商部审批。这一建议拖到1917 年 2 月农商部才批下来，而且只准开办证券交易一项业务。随后，虞洽卿等人与商会再次提出，请政府批准设立物品与股票分开经营的交易所。

在上海对成立交易所争议不休时，1918 年夏天，北平证券交易所成立，这是旧中国成立的第一家仿照西方股份有限公司形式的交易所。1919 年 6 月，几经周折，农商部批准了虞洽卿等人发起的将证券与物品合并经营的上海证券物品交易所。

3. 民国十年信交风潮。上海证券物品交易所营业后，半年盈利 50

万银元，机制面粉交易所开业后盈利也很大。这就使一些人认为办交易所赚钱容易，群起效仿。从1921年5月起，上海出现了中国人开办交易所的热潮，各行各业竞相设立本行业的交易所，有股票、金、棉、丝、粮、油、酒等，五花八门，而且许多交易所都有远期交易和期货交易。到1921年（民国十年）12月，半年内上海已设立各类交易所136家。由于缺乏有效监管，大多数交易所以投机作为主要业务，而且还从事炒作本公司股票，参与者的资本大多是贷款或信托资金，扰乱了市场经济秩序，造成交易所经营风险骤增，社会各界纷纷质疑。于是民国政府和租界当局着手整治，银行和信托公司不再供给资金。1921年11月起，各交易所股价大跌，交易停滞，大批交易所不得不停业清理或解散，使得一些工商业者和百姓受到很大损失。经过这次风潮，到1922年4月，交易所只剩6家，接受顾客委托代为理财的信托公司倒闭得只剩2家。这就是史称民国十年信交风潮，此次风潮中交易所和期货交易遭受重创。

4. 日本侵华战争爆发，期货交易停止。信交风潮后，大部分交易所衰败倒闭，上海只剩下6家交易所。1929年以后，全国又设立了几家交易所，到1936年全国共有15家交易所。在日本侵华战争爆发后，中国期货市场的自然发育状况发生改变。1932年1月28日，日军进攻上海，发动了"一·二八"事变，造成了期货持仓合约履约困难。事变发生后，上海各交易所不能正常营业，期货实物交割已无可能，于是上海华商证券物品交易所、上海华商纱布交易所、中国机制面粉上海交易所、上海杂粮油饼交易所等都以现金结算平仓，了结合约，进入停业状态。1932年4月初，上海各业商务组织公会、上海市市民组织公会、法租界商务组织公会联合发布公告："为长期抵抗忍痛复业。"到1932年6月，各停业的交易所全部复业。1937年抗战全面爆发前夕，国民政府行政院为了抑制投机，于 1937 年 7 月 1 日通过了实业部的《取缔上海纱布交易所投机办法》。7 月 6 日，实业部依据《取缔上海纱布交易所投机办法》制定并公布《取缔上海机制面粉交易所投机办法》《取缔上海杂粮油饼交易所投机办法》（以下统一简称《办法》）。《办法》公布后，市场反应强烈：标纱跌停板、粉麦交易锐减、杂粮油饼交易停市。1937 年 7 月 7 日，日本发动七七事变，全面侵华。同年 8 月 13 日，日军进攻上海，上海的交易所全部停业，所有持仓被迫采用现金结算办法平仓。至此，中国近现代发展起来的期货市场被迫停止，在抗战胜利后仍没有恢复。

新中国成立前期货市场虽然由于日本侵略中国而停止，但是也给中国市场经济的发展历史留下了值得记忆的一页。

（二）新中国期货市场建立的背景

1978 年党的十一届三中全会以后，从农村改革启航，开始全国经济体制的改革。国内商品流通体制改革的市场化取向在曲折中前行，市场经济在呼唤期货市场的产生。当时期货市场的产生，主要有三个背景：

1. 从制度层面看，改变计划经济方式后，面临用什么方式取代的问题。1984 年，《中共中央关于经济体制改革的决定》明确国内市场体制改革的重点是在计划经济中注入市场调节机制，培育市场体系。具体到商品领域，一方面为了刺激农民生产积极性，提高了农副产品的收购价格和生产资料的商品化程度；另一方面，为了发挥市场调节的作用，开始放开一部分商品的价格。从制度上，开始用市场的方式取代计划方式。

2. 从市场层面看，商品价格逐步放开后，市场活跃的同时也出现了价格混乱，损害生产、流通与消费的状况时起时伏。例如，1984 年粮食价格逐步放开后，发生了一系列"大战"，著名的"山芋干大战"甚至惊动了当时的最高领导。1984年作为工业原料的山芋干放开价格，由于丰收加之流通不畅等原因，价格跌到每斤6分钱仍无人收购，最后大量山芋干只能当柴烧掉。1985年农民由于上年吃了亏，纷纷不再种植山芋干，导致收购时节采购商收不到货源，工厂等原料开工，外贸等货装船，山芋干价格每天看涨。一看有利可图，在淮北地区就出现了抬价抢购山芋干的状况。在不到两个星期的时间里，山芋干价格涨了近2倍，严重扰乱了市场秩序。于是产生了对农产品期货市场的探索呼声。

3. 从功能层面看，市场价格剧烈波动，给生产者、流通者和消费者带来巨大市场风险。不论政府还是企业，个体生产者还是消费者，都需要市场有规避价格风险的机制。

在这种情况下，有国内外学者和企业提出学习国外经验，通过期货交易提供价格信号，规避价格风险，指导生产经营，优化资源配置的建议。这种呼声逐渐引起高层部分领导的重视，于是建立期货市场的试验有了某种可能性。

二、新中国期货市场的建立和发展历程

新中国期货市场建立和发展大体经历了四个阶段。

（一）酝酿探索阶段（1988—1990年）

1. 1987年，香港实业家杨竞羽先生向我国领导人提出发展期货贸易的建议，并受到有关方面的重视。1987年底，国务院发展研究中心价格组开始着手研究期货交易，将期货市场问题列入1988年重点课题计划。

2. 1988年2月16日，李鹏总理给国务院发展研究中心主任马洪写信，要求组织人员专门研究国外期货制度，保护生产者和消费者利益，

保持市场价格基本稳定。1988 年 3 月 25 日，李鹏总理在第七届全国人大第一次会议《政府工作报告》中指出："加快商品体制改革，积极发展各类贸易批发市场，探索期货贸易。"

3. 1988 年初，国务院发展研究中心价格组和国家体改办流通司联合成立了期货市场研究工作小组，着手研究在中国建立期货市场问题。1988 年 5 月 4 日，期货市场研究工作小组向国务院上报了第一个研究报告，报告指出：在我国试行期货贸易，探索设立期货市场问题，已经可以提到改革的日程，有条件抓紧展开研究和试点准备工作。该报告还提出了具体的工作目标，计划于 1988 年底之前在全国 2 ~ 3 个有条件的省市开办试验性的期货市场。1988 年 5 月 26 日，李鹏总理批示："同意试点，但要结合中国的实际情况来制订方案。"

4. 1989 年 1 月 10 日，期货市场研究工作小组向国务院上报了第二个报告，提出发展期货市场的思路：大力发展有保障的远期合同交易，用期货机制改造远期合同，改造批发市场。工作小组同时提出：试办期货市场必须坚持积极稳妥，走规范化、法律化、先试点后推广的路子，不能一哄而起，要成熟一个试点一个，逐步探索前进，以便让期货市场真正起到稳定经济的作用。工作小组还分别于 1988 年 4 月和 6 月召开部分省市和部门参加的工作会议，研究建立期货市场的方案。

5. 在国家层面进行期货市场研究工作的同时，一些地方也开始了对期货市场的研究与探索。河南、上海、四川、吉林、湖北的粮食部门和物资部门成立了地方性、部门性的研究小组，研究和制订建立期货市场的方案。1989 年后一段时间，期货市场的探索工作一度受到影响，并引发"期货市场姓'资'还是姓'社'"的争论。

（二）初期建立阶段（1990 年至 1993 年底）

20 世纪 90 年代初，随着改革开放的推进，特别是在邓小平同志南方谈话精神的推动下，国内陆续建立了一批批发市场和交易所。这批批发市场和交易所，都是以期货交易为目标的，但由于当时的舆论环境，加之大家对期货交易内涵了解不多，因此前期实际从事的基本上是现货交易或现货中远期合同交易，后期开始出现了真正现代意义上的期货交易。这一阶段，建立了一批有代表性的市场。

1. 郑州粮食批发市场。郑州粮食批发市场于 1990 年 10 月 12 日成立，是改革开放后第一家以从事期货交易为目标的现货批发市场，引进了会员制、保证金制等部分期货交易机制。1993 年 5 月 28 日推出标准合约交易，同时启用郑州商品交易所名称。

2. 深圳有色金属交易所。深圳有色金属交易所于 1991 年 6 月 10 日成立，明确从事现货、中远期合同及期货交易；1991 年 9 月 23 日试营业，开业初期从事现货和中远期合同交易；1992 年 9 月 28 日推出特级铝标准合约；1993 年 6 月 28 日，推出一等铜标准合约。

3. 苏州商品交易所。苏州商品交易所于 1991 年 6 月成立，从事生产资料现货交易；1992 年 10 月推出黑色金属远期合同交易；1993 年 3 月推出钢材标准合约交易。

4. 上海金属交易所。上海金属交易所于 1992 年 4 月 9 日成立，5 月 28 日开业，开业初期从事现货及中远期合同交易；1993 年 3 月推出一等铜标准合约交易。

5. 上海粮油商品交易所。上海粮油商品交易所于 1992 年 3 月 31 日成立，1993 年 6 月 30 日开业。这是国内首家直接从期货交易起步的交易所，开业时就推出期货标准合约交易，并建立了国内第一套较为完善的期货交易制度，在全国率先实行保证金逐日盯市结算办法和较为完善的风险管理体系。

这一阶段全国出现了兴办交易所的热潮，中国现代期货市场正式登场，已经开业和准备开办的交易所达 40～50 家。同时，市场上诞生了第一批期货经纪公司，在 300 家左右。

（三）治理整顿阶段（1994—1998 年）

在期货市场发展的热潮中，也开始出现一些问题：市场缺乏专门监管机构导致无序发展；各地、各部门不顾条件盲目争相举办交易所，出现恶性竞争势头；有些外资和中外合资的期货经纪公司有欺骗客户的活动；有些企业和个人盲目参与境外期货交易，上当受骗，造成损失。于是，1993 年 11 月 4 日，国务院发出了《关于制止期货市场盲目发展的通知》。1994 年初，国务院办公厅发出《转发国务院证券委员会关于制止期货市场盲目发展若干意见请示的通知》，对期货市场品种上市、参与主体、资金管理作出了一系列规定。中国期货市场进入治理整顿阶段。

1. 第一阶段治理整顿的措施。第一，建立统一的期货市场监管体系。由国务院证券委员会负责期货市场试点工作的指导、规范、协调和监管，中国证券监督管理委员会（以下简称中国证监会）承担具体工作，各地方政府也指定期货监管部门。第二，中国证监会制定试点期货交易所的标准。根据试点标准，经国务院同意，中国证监会批准了 15 家试点交易所，并陆续停止了其他几十家交易所的期货交易。15 家试点交易所为：北京商品交易所、上海金属交易所、上海粮油商品交易所、沈阳商品交易所、大连商品交易所、苏州商品交易所、郑州商品交易所、广东联合期货交易所、深圳有色金属期货联合交易所、海南中商期货交易所、重庆商品交易所、天津联合期货交易所、成都联合期货交易所、上海商品交易所、长春联合商品交易所。第三，对期货经纪公司进行了重新审核。停止开展境外期货经纪业务、外汇按金交易及外汇期货交易活动，取消了期货经纪公司自营业务。第四，陆续停止了一批期货交易品种,如钢材、食糖、煤炭、粳米、菜籽油、大豆油、红小豆、红小麦及国债等。停止所有品种在交易所和批发市场的中远期合同交易。第五,对各试点交易所进行会员制改造,并制定期货从业人员管理办法等一系列制度。

2. 第二阶段治理整顿的措施。第一,1998 年 8 月,国务院发布《关于进一步整顿和规范期货市场的通知》,决定对 15 家期货交易所进行撤并,全国设立三家交易所,将上海金属交易所、上海粮油商品交易所和上海商品交易所三家合并为上海期货交易所,保留郑州商品交易所和大连商品交易所,其他交易所改组为公司制地方交易厅或地方报价厅,与上述三家期货交易所进行联网交易。后来在实施过程中,其他交易所有的改为期货经纪公司和证券经纪公司,有的改为地方投资公司。第二,将期货交易所划归中国证监会直接管理,期货交易所的总经理、副总经理由中国证监会任命,理事长、副理事长由中国证监会提名,理事会选举产生。第三,将期货交易品种压缩到 12 个,取消 23 个品种。对期货合约重新设计,经中国证监会审核批准后上市交易。第四,提高期货经纪公司最低注册资本金标准。取消非期货经纪公司期货经纪资格。

通过这次整顿,期货市场进入了规范发展阶段。

(四)稳步发展阶段(1999 年至今)

在此阶段,中国期货市场发生了以下重要事件。

1. 1999 年 6 月,国务院颁发《期货交易管理暂行条例》。随后,与之配套的《期货交易所管理办法》《期货经纪公司管理办法》《期货经纪公司高级管理人员任职资格管理办法》和《期货从业人员资格管理办法》相继发布实施。中国期货市场逐步走入法治化轨道。

2. 2000 年 12 月,中国期货业协会成立。作为行业自律组织,期货业协会的建立，为期货行业的规范健康发展，开辟了新的途径。

3. 中国证监会批准上市了一系列期货交易品种，推进了期货市场发展，进一步发挥了期货市场功能。

4. 2006 年 9 月 8 日，中国金融期货交易所成立。2010 年 4 月 16 日，中国金融期货交易所推出沪深 300 股指期货合约，标志着中国期货市场进入稳步发展阶段。

5. 2013 年 9 月 6 日，国债期货上市，增加了资本市场风险管理的工具，标志着中国期货市场发展上了一个新的台阶。

三、中国期货市场建立和发展中的几个问题

（一）对期货市场姓"资"还是姓"社"的争论

中国期货市场建立过程中，引发过争论。有一种看法认为，期货市场是资本主义的产物，是投机倒把的场所，它进行买空卖空，造成经济不稳定；期货市场存在操纵和投机行为，容易导致经济秩序混乱。也有看法认为，期货市场与资本主义和社会主义制度无关，是商品经济发展的产物，是市场体系中的重要组成部分；期货交易通过充分价格竞争，可以为市场提供价格信号；通过商品买卖和投资投机活动，转移价格风险，期货市场成为规避价格风险的场所；期货交易是一种交易形式和价格形成机制。

20 世纪 90 年代初，经过一场争论，在邓小平南方谈话精神的指引下，在改革开放的热潮中，争议逐渐平缓，允许期货交易试验的舆论逐步占据主导。但是，在相当一段时间内，有些政府部门对期货交易的负面看法仍然存在，直接影响到一些部门政策。

（二）哪家交易所是中国期货市场的创始交易所

近年来，有一些书籍和文章对中国期货市场创立的评价有失偏颇，

这些提法既对历史事实反映不真实，也对期货市场建立和发展的历史表述不准确、不完整。应该说，20世纪90年代中国现代期货市场的建立，是一批创始交易所（市场）共同努力的结果，初创阶段开业的交易所（市场），尽管时间上有先后，但是各具贡献，为中国现代期货市场的建立作出了早期探索，共同谱写了这段历史。

在这一历史过程中，不能简单说，某家交易所是中国首家期货市场。20世纪90年代期货市场初创阶段，政府部门和理论界对期货市场还极具争议，再加上国内对期货交易实践还很不熟悉，对交易所交易规则和管理制度的设计还在探索，因此，期货市场是一个演进过程，有的交易所从现货交易起步，有的交易所从期货起步，大多数交易所是从现货交易开始的，很难说某家市场就是中国首家期货市场。从期货市场建立的历史看，我们只能对主要交易所在中国现代期货市场初创阶段的贡献作一个历史分析。

1. 郑州粮食批发市场成立于1990年10月，是郑州商品交易所的前身。成立之初是以从事期货交易为目标的现货批发市场，由于现货交易规模所限，促使它希望通过转型为期货市场带来生机。郑州粮食批发市场的最大贡献就是引进了会员制、保证金制等部分期货交易所的机制。

2. 深圳有色金属交易所成立于1991年6月，同年9月开业，1992年9月推出特级铝标准合约，开业初期主要从事现货和中远期合同交易，它的目标是逐步过渡到期货交易。它是新中国第一个以交易所名义命名的商品市场，最大贡献是作为一个期货市场正式出现。

3. 上海金属交易所成立于1992年4月，同年5月开业，是上海期货交易所前身之一。它成立后尽管是开展现货和中远期合同交易，但由于交易规模和市场影响迅速扩大，树立了现代期货交易所的形象，对中国期货市场的建立和发展起到示范作用。

4. 上海粮油商品交易所（以下简称上海粮交所），于 1992 年 3 月成立，1993 年 6 月开业，它是全国首家直接从期货交易起步的交易所，也是上海期货交易所的前身之一。上海粮交所制定了中国改革开放初期第一部较为完善、规范的期货交易规则，诞生了第一部地方政府期货交易管理法规，为早期期货市场作出了制度贡献。

（三）谁是中国期货市场的创始人

20 世纪 90 年代中国期货市场的创立，不是几个人的作用，而是一个初创群体，是一批人艰苦耕耘的结果。中国期货市场创建从 20 世纪 80 年代后期开始，到 1994 年中国证监会批准 15 家试点交易所为止，完成了早期创建阶段的任务。这个阶段参与创建工作的有早期理论政策研究、市场宣传和方案构思设计人员，有早期交易所和期货公司创建人员，还有政府各部门从事政策制定、市场建设和市场监管的人员。由于涉及中央各政府部门和研究机构，地方各省市政府部门和有关企业的大量参与者，时隔二三十年，要详细收集这些人员资料已是一件十分困难的事了。笔者在散见的当年报刊书籍及有关交易所资料中初步查找，列出下列名单。由于笔者孤陋寡闻，一定是挂一漏万的，仅作抛砖引玉之用。

1. 理论政策研究、市场宣传和方案构思方面有田源、杜岩、张其泮、杨昌基、常清、赵尔烈、朱玉辰、刘俊英、廖英敏、王向阳、彭俊衡、于淑华、唐雄俊、朱国华、吴硕、陈宝英、陶琲、童宛生、董辅礽、萧灼基、王新政等。

2. 交易所期货经纪公司创建方面有李经谋、郑元亨、贺涛、胡岳征、周晓红、乔刚、王献立、李守堂、程晓滨、管炎彬、张兴山、陈胜年、彭刚、余国聪、王立华、申坤兴、周汝龙、马荣庆、劳光熊、陈融、王和生、汤克均、唐志新、颜羽、余荣发、李小弥、武小强、陈共炎、赵进、姜丽华、石嘉星、曲立峰、张庶平、唐荣汉、夏峰、汪文贤、张彦兵、金人杰、钟福棠、杨景民、周国安、乐秀涛、孟庆山、戴迎国、汤庆荣、滕家伟、胡政、曾祥龙、林华山、舒扬、何玉良、沃廷枢、司徒怀、张宜生、卢剑等。

3. 政府部门市场组织领导、市场建设、政策制定和市场监管方面有白美清、柳随年、高尚全、姜习、季铭、庄晓天、孟建柱、张皓若、陆叙生、刘鸿儒、李剑阁、胡平、高铁生、段应碧、李广镇、耿亮、康焕军、许宗仁、唐柏飞、王家瑞、沈思明、应飞、王树威、陈士家、许冠庠、徐志康、何晓斌、刘东平、赵凌云、唐新元、沈思义、阎明、尹淑琴、赵杰、范文明、魏耀荣、蒋铁柱、李厚圭、曾丽瑛、周颂哲、文绍星等。

原国务院发展研究中心、原商业部、原物资部、原国家体改办、原国家计委、原国家经贸委、证监会、原国家粮食储备局等许多政府部门及各地方政府许多同志都参与了早期中国期货市场的创建工作。早期期货市场的建立是一个初创群体对改革开放的贡献。许多当年的参与者今天已很难找到他们的名字，但他们的贡献凝聚在中国期货市场的发展之中。

此外，上海证券交易所尉文渊等一批设计和组织国债期货交易的人员，也是当年期货市场初创时期的创始者和探索者。

（四）期货是不是20世纪90年代通胀的推手

20世纪90年代期货诞生之初，由于期货市场存在一批投机者和投机资本，有些人对期货市场是否对市场稳定有利、是否会炒高市场商品价格产生疑虑。特别是1993年在粮食流通体制改革中，全国粮食市场放开，市场粮价过快上涨，于是有些同志就认为是期货推动了粮价上涨，带动了其他商品价格上涨，更有同志认为期货是通胀的推手。究竟

13

对期货与通胀的关系应该怎么看呢？

1. 通胀是社会总供给与总需求失衡，引起货币增发，通货贬值。个别商品价格的上升，一般不会引起社会总供给与总需求的失衡。从这个意义上看，期货不具备推动整个物价上升的能力。

2. 期货市场与现货市场紧密相连，期货交割机制本身会制约期货价格无限制地炒高。当期货市场价格严重脱离现货市场时，大量现货就会要求在期货市场交割，即使虚高的期货价格，也会因为到期交割而迫使期货价格与现货价格趋向接近。

3. 以1994年粳米期货为例，期货市场停止交易后，现货市场价格仍在上涨。此情况足以说明是供求不平衡导致价格上涨，期货价格无非是提前把这个供求信息传递给市场，期货市场发挥了价格信号的功能。

由此可见，不论是从理论上，还是实践上，期货是通胀推手的观点都是不能成立的，即使期货市场有一时推高价格的可能和情况存在，但如果不是供求因素，价格总是会回归到市场均衡状态。

（五）如何看待20世纪90年代期货业的整顿

首先，从1993年开始到1998年告一段落的期货市场整顿是十分必要的。从整顿结果看，对这个行业的长期发展是有积极意义的。当时正值期货市场建立初期，出现过热、过乱的问题，通过采取果断措施进行整顿，遏制了盲目发展的冲动。特别是通过减少交易所，制止了恶性竞争，同时保留了三家期货交易所，为以后发展留下了基础和条件，这都是意义深远的措施。

当然整顿也存在不足，整顿中关停了许多期货品种。当时关停的有些期货品种，对于生产、流通和投资及争取国际商品定价话语权是十分重要的，以至于以后陆续重新上市交易，造成了市场的反复。此外，交易所上收管理后，强化了某些行政化倾向，对市场的长期发展也有值得

14

总结之处。

总之，回顾 20 世纪 90 年代期货市场的整顿，既有很大的成绩和必要，也有需要总结的方面。从总结经验的角度看，市场的发展是经济发展不可阻挡的潮流，政府只能因势利导，充分发挥市场机制的作用，尽可能减少对行政办法的依赖。

（六）如何看待上海期货市场对中国期货市场发展的历史贡献

上海是旧中国期货市场的发源地，又是新中国期货市场发展的主导地。20 世纪 90 年代，上海的几个期货交易所（即以后合并成的上海期货交易所）为中国现代期货市场的建立和发展作出了历史贡献。

上海金属交易所 1992 年 5 月开业后，以迅速发展的交易规模，树立了中国现代期货交易所的形象，反映了期货市场良好的经济效益和社会效益，对全国期货市场产生了示范效应，促使各地加快了期货市场发展的步伐。

上海粮油商品交易所组建既有别于先搞现货市场逐步向期货市场过渡的郑州粮食批发市场模式，又不同于从中远期合同起步过渡到期货交易的深圳有色金属交易所和上海金属交易所模式，而是我国首家直接从期货交易起步的交易所。上海粮油商品交易所制定了改革开放后国内第一套较为完善的期货交易规则，建立了第一套期货交易所风险管理体系，诞生了全国第一个期货交易地方性政府法规，并且最早尝试商品期货现金交割办法。

上海金属交易所、上海粮油商品交易所和上海商品交易所组成的上海期货市场对中国期货市场的建立和发展作出了模式贡献和制度贡献。这些贡献将作为重要篇章记入中国期货发展史。

四、中国期货市场未来发展展望

经过改革开放四十年，期货市场建立二十多年，中国已发展成为全

15

球资本大国和期货大国。作为亚太地区最大的资本市场和期货市场，中国对全球市场的影响力在不断增强。然而，中国要成为全球资本强国和期货强国还任重而道远。首先，中国在全球资本定价和大宗商品定价领域还缺乏话语权，许多定价权掌握在欧美国家手里，比如，石油定价在纽约和伦敦、农产品定价在芝加哥、铜定价在伦敦、橡胶和铁矿石定价在向新加坡转移。其次，中国资本市场和期货市场对配置全球资源、掌握全球市场话语权的总体能力还比较弱小，致使我国经济利益流失巨大。因此，我们要加快市场发展，努力成为全球资本强国和期货强国。

当前在市场发展战略上要重视和跟踪全球资本交易和大宗商品交易集中化和集团化趋势，从全球视角推进我国期货市场的建设和发展。近些年，全球资本交易和大宗商品交易市场通过并购已初步形成三大交易所集团。

芝加哥商业交易所集团，拥有全球老牌交易所，通过最近十多年的并购，目前芝加哥商业交易所、芝加哥期货交易所、纽约商业交易所、纽约商品交易所等都成为其成员。交易品种包括农产品、能源期货，股指、外汇期货，金属类期货等。

洲际交易所集团，是一家全球领军的金融和商品期货交易所集团，拥有二十多家交易所，包括纽约股票交易所、泛欧股票交易所、洲际交易所、伦敦国际石油交易所及美国、加拿大、欧洲境内的期货交易所。交易品种包括股票、股票期权，债券、外汇、利率、能源、农产品和贵金属期货等。

香港交易所集团，包括香港联合交易所及伦敦金属交易所。交易品种包括股票、股指期货，金属期货与期权，现货及衍生品等。

目前三大交易所集团加上欧洲的几大证券期货交易所，在全球交易中形成群雄鼎立的格局，许多国家和地区交易所都有被并购的可能。这

16

种全球市场集中化和集团化趋势将会进一步发展，并会对全球资本和商品定价权及资源配置产生重大影响。在这一发展趋势中，未来在亚太地区有可能产生新的交易所集团，而且最大可能性会是在中国内地。目前中国内地有两大证券交易所、四大期货交易所，再加上新三板等股权交易系统，交易总规模在全球举足轻重。我们有信心看到，凭借这样的交易规模，我国完全有条件培育出在全球鼎立一方的交易所集团，完全有实力争取全球资本市场和大宗商品市场的定价话语权，成为全球资产定价中心之一。

改革开放初期期货交易所
交易规则比较

　　20世纪90年代初期建立的期货市场，是中国改革开放和市场经济的产物。党的十一届三中全会以后，特别是1984年《中共中央关于经济体制改革的决定》发布以后，随着国内商品流通和商品价格的逐步开放，市场活跃程度前所未有，市场引导生产经营，极大地丰富了商品供给，同时市场价格的起伏变化给生产、经营和消费带来了一定的风险。于是，在这样的背景下，商品期货市场应运而生。对这段已经过去的历史，本文通过比较早期期货交易所的交易规则，对各个主要交易所在中国期货市场建立过程中的制度贡献试作分析。

一、20世纪90年代初期期货交易所概述

　　20世纪90年代初，全国出现了兴办期货交易所的热潮。从1990年到1993年，在短短的两年多时间里，各地开办和准备开办的交易所达四五十家。在这股兴办交易所的热潮中，名目繁多的交易所和交易市场鱼龙混杂：有国家和地方政府开办的交易所和批发市场，也有企业开设的交易所；有期货市场，也有现货中远期市场。其中大多数交易所缺乏规范严格的规章制度，仅凭盲目冲动进行各种交易，导致了中国期货市场建立初期市场过多、过热和过乱的局面。

　　在这一阶段，尽管存在着期货市场早期盲目发展的状况，但也有一

批交易所坚持规范发展，为中国期货市场的初创，特别是制度建立作出了贡献。在这批市场中，比较有代表性的是郑州粮食批发市场（即后来的郑州商品交易所）、深圳有色金属交易所、上海金属交易所和上海粮油商品交易所[①]。

1. 郑州粮食批发市场于 1990 年 10 月 12 日成立，是改革开放后第一家以从事期货交易为目标的现货批发市场，它引进了会员制、保证金制等部分期货交易机制。1993 年 5 月 28 日推出标准合约交易，同时启用郑州商品交易所名称。

2. 深圳有色金属交易所于 1991 年 6 月 10 日成立，是第一家公开亮出期货交易所牌子、初期开展现货及中远期合约交易的交易所。1991 年 9 月 23 日试营业，1992 年 9 月 28 日推出特级铝标准合约，1993 年 6 月28 日推出一等铜标准合约。

3. 上海金属交易所于 1992 年 4 月 9 日成立，明确开展现货交易和期货交易。1992 年 5 月 28 日开业，开业初期从事现货及中远期合同交易，1993 年 3 月推出一等铜标准合约交易。

4. 上海粮油商品交易所于 1992 年 3 月 31 日成立，1993 年 6 月 30 日开业。上海粮油商品交易所在市场设计、管理规定和交易规则上都是按照期货交易所定位的，是国内首家直接从期货交易起步的交易所，开业时推出了各种粮油期货标准合约交易。

上述四家交易所及其他试点交易所，作为早期中国期货市场的代表，为中国期货市场的建立和发展作出了制度贡献。本文选择郑州粮食批发市场（郑州商品交易所）、深圳有色金属交易所、上海金属交易所和上海粮油商品交易所的交易规则，对早期期货交易所的交易规则中的

---

① 1998 年 8 月，国务院决定将上海金属交易所、上海粮油商品交易所、上海商品交易所合并为上海期货交易所。

重点内容作些介绍，并进行分析比较，为中国期货市场发展的历史脉络提供研究参考。

二、合约（合同）规定的比较

（一）郑州交易所①

1. 郑州粮食批发市场在 1990 年 10 月开业时，交易管理暂行规则规定②，交易采取三种形式：现货交易，即六个月以内交割的交易；远期合同，即六个月以上不超过十二个月交割的交易；合同转让，即在场内的合同转让。

2. 成交合同有两种：标准化合同和非标准化合同。

3. 合同转让，必须在交割期两个月以前由郑州市场公开组织进行。

4. 郑州商品交易所于 1993 年 5 月 28 日推出期货交易规则和标准合约交易③。期货标准合约有小麦、玉米、大豆、绿豆、芝麻等品种。

5. 每张标准合约交易单位为 10 吨，并规定了合约月份和最后交易日及交割标准等条款。

（二）深圳有色金属交易所

1. 深圳有色金属交易所于 1991 年 9 月 23 日试营业。其交易所管理暂行规定④明确：交易所的发展方向是期货交易的场所。试办初期，以现货交易、远期合约起步，逐步过渡到规范化的期货交易形式。

---

① 对郑州粮食批发市场和郑州商品交易所，本文在一般情况下统称郑州交易所；在需要对现货与期货阶段作区别时，分别用郑州粮食批发市场和郑州商品交易所称谓。

② 若无特别说明，本文郑州粮食批发市场交易管理规则均参考《郑州粮食批发市场交易管理暂行规则（1990 年版）》。

③ 若无特别说明，本文郑州商品交易所交易管理规则均参考《郑州商品交易所期货交易规则（1993 年版）》。

④ 若无特别说明，本文深圳有色金属交易所交易管理规则均参考《深圳有色金属交易所管理暂行规定（1991 年版）》《深圳有色金属交易所交易规则（1991 年版）》。

2. 合同交割限期为一至十二个月。当月交割的合约为现货合约，不在当月交割的合约为远期合约。期货合约是除价格之外所有合约条款都按交易所规定的标准化合约。

3. 交易所内合约转让是指合约持有方将合约标的物在交易场内通过竞价买卖方式实现，成交后应重新签订合约。

4. 交易品种为铜、铝、铅、锌、锡、镍、镁、锑八种常用有色金属。交易的商品实行计量标准化。交易单位以"手"计算，每"手"计量如下：铜、铝、铅、锌、锑为10吨，锡、镍、镁为2吨。

（三）上海金属交易所

1. 上海金属交易所于1992年5月28日开业。上海金属交易所交易规则①规定：交易分为期货交易和现货交易两种形式。一段时间内先行组织现货交易。

2. 现货交易成交后，买卖双方必须签订现货合同，现货合同由交易所统一制定。十天之内任何一天可以交收实物的为即期合同，六个月以内的为近期合同，六个月以上的为远期合同。

3. 近、远期合同可以在交易所内转让。现货合同转让是指合同持有方将合同在交易所通过公开竞价和拍卖方式实现。现货合同转让不得变更原合同的标的，转让产生的差价在合同过户记录中注明。

4. 期货交易是期货标准合约的交易。不同种类商品有不同的标准合约，每一标准合约规定标准品级规格、标准数量和交货地点等。标准合约中唯一变量是在交易时所形成的该商品的价格。

5. 交易品种暂定为铜、铝、铅、锌、锡、镍六种有色金属和生铁。交易商品实行计量标准化。期货交易单位以"手"计算，每"手"计

---

① 若无特别说明，本文上海金属交易所交易管理规则均参考《上海金属交易所管理暂行规定（1992年版）》《上海金属交易所规则（1992年版试行）》。

量如下：铜、铝、铅、锌为 5 吨，锡、镍为 2 吨，生铁为 25 吨。

（四）上海粮油商品交易所

1. 上海粮油商品交易所于 1993 年 6 月 30 日开业，直接进行期货合约交易。上海粮油商品交易所交易管理规则①规定，首批上市的期货合约有白小麦、红小麦、大豆、玉米、籼米、粳米、豆油和菜油八大品种，后推出了绿豆、红小豆、啤酒大麦、白砂糖合约。

2. 每一期货品种的交易周期为十二个月，一个合约月份即为一个交易品种。

3. 期货合约的内容包括合约名称、交易单位、最小变动价位、每交易日价格最大波动限制、合约月份、最后交易日、交割等级及交割地点等。

4. 期货合约的交易单位：粮食为 5 吨，油脂为 1 吨，其他品种另行公布。

（五）合约规定的分析

合约规定是区别期货交易和现货交易的重要标志之一。从合约规定看，郑州交易所是最早开业的市场，1993 年 5 月前是一个现货批发市场。从 1993 年 5 月后，其开始进行期货标准合约交易，进入期货交易阶段。深圳有色金属交易所是继郑州交易所之后开业较早的交易所。从合约规定看，其开业初期从事现货和远期合约交易，但明确了是逐步过渡到规范化期货交易，而且在 1992 年 9 月和 1993 年 6 月分别推出铝和铜的标准合约交易。它是国内较早向期货交易推进的交易所。上海金属交易所开业初期从事现货及中远期合同交易，由于上海金属交易所中远期合同交易规模比较大，在交易机制方面又接近期货交易，因此市场影

---

① 若无特别说明，本文上海粮油商品交易所交易管理规则均参考《上海粮油商品交易管理暂行规定（1993 年版）》《上海粮油商品交易所期货交易业务试行规则（1993 年版）》。

响比较大。上海粮油商品交易所开业晚于前面几个交易所，由于从期货交易直接起步，跨过了其他交易所现货交易的过渡阶段，因此期货交易同前面几个交易所一起，走在全国前列。从交易规则角度看，上海粮油商品交易所没有现货交易的痕迹，是国内期货交易规则比较早期和比较完善的版本。

三、交易规定的比较

（一）郑州交易所

1. 郑州交易所在郑州粮食批发市场阶段，交易规则规定，成交方式为拍卖和协商买卖两种。拍卖由卖方提前向市场提交拍卖品种等资料和实物，由市场统一组织拍卖。协商买卖，由买卖双方在场内协商定价，签订合同，经市场登记确认，合同生效。

2. 《郑州商品交易所期货交易规则》规定，采用计算机交易方式。计算机系统以双向竞价方式，根据价格优先、时间优先原则，撮合成交。

3. 郑州交易所实行交易头寸限制，规定每个投机账户分品种最多可持有某种期货合约头寸的数量。具体头寸限额由会员提出申请，交易所根据其资金状况进行核定。交割月份的持仓数量不得超过郑州交易所规定限额。

4. 郑州交易所实行每日价格停板额制，由交易所制定每一交易商品的每日最大价格波动限制。当连续三个交易日某商品交易价格波动达到停板额时，停板额自动扩大50%。新停板额可持续三个交易日，其间若交易价格波幅减小，停板额回复到原水平。若交易价格继续达到停板额，交易所有权暂停该商品的交易。

（二）深圳有色金属交易所

1. 交易所内实行竞价交易。竞价交易由交易所指派的交易主持人主持，采取公开叫价或板书的方式。

2. 交易主持人在每场交易活动中，应配备交易记录员。交易记录员必须如实记录交易过程和交易结果并存档，不得弄虚作假。

3. 每一交易日的价格涨跌最大幅度，不能超过前一交易日收市成交价的3%。

（三）上海金属交易所

1. 交易成交后，买卖双方出市代表于次日至交易所办理提货凭证交割，签订现货合同及合同转让等有关手续。

2. 现货交易与期货交易分别在不同的交易时间内采用不同的交易方式进行。现货交易采用竞价方式。交易根据价格优先（即卖者的最低报价、买者的最高报价优先）、时间优先的原则进行，成交前由买卖双方出市代表随时修改各自买入或卖出报价及数量，计算机自动撮合成交。

3. 期货交易采用一价制方式，即按交易主持人报出的价位进行交易。计算机自动显示买入、卖出合约总数及差数。当某小节时间结束时卖出总数大于买入总数（或买入总数大于卖出总数），计算机显示成交数并自动将价格调低（或调高）一个价位，买卖双方在后一小节继续通过计算机终端进行交易。经过反复调整价格，当买入总数与卖出总数相等，且在规定交易时间内无变化，则计算机自动按铃，交易主持人宣布该交易结束。

4. 当价位变化达到当日的交易最大涨跌幅并继续有涨或跌的相同趋势时，计算机自动按铃，交易主持人宣布该商品当日交易暂停。

5. 每一交易日各交易商品价格涨跌的最大幅度，不能超过前一交易日该商品收市成交价的1%，当连续若干个交易日某商品交易价格波动达到涨跌最大幅度的上限或下限（涨、跌停板）时，交易所可将上下限波动幅度增加一倍，若交易价格继续达到上、下限价位，交易所有权暂时终止该商品的交易。

（四）上海粮油商品交易所

1. 交易所按价格优先、时间优先的原则成交。计算机在处理买卖申报时，较高买进申报价优先于较低买进申报价成交，较低卖出申报价优先于较高卖出申报价成交；同价位申报，先申报者优先成交。

2. 计算机在处理申报竞价时，最高买进申报与最低卖出申报价位相同，双方的申报价即为成交价；如买（卖）方申报价高（低）于卖（买）方的申报价，则按双方申报价格的平均价（见角进元）为成交价。

3. 当某一粮油品种的三个或者更多合约月份的价格在一天内涨或跌至停板额时，交易所可视情况于下一个交易日在该品种原停板额基础上扩大50%，扩大后的波动限额一般维持三个交易日，此间若价格波幅减小，则在第四个交易日恢复原停板额。

4. 交易所可决定和临时决定会员及客户某一合约和全部合约的持仓最高数额。会员、客户的有关持仓，不得超交易所规定的限额。会员、客户在交易所规定的持仓限额公布后，再行超出部分，交易所有权对会员超出部分强行平仓并责成会员对客户的超出部分强行平仓。在交易所临时规定的持仓限额公布时已超出的部分，交易所可限期平仓，逾期未能平仓的，按前述规定强行平仓。

（五）交易规定的分析

郑州交易所在现货批发市场阶段，有关交易规定较简单，只明确了交易方式，其他没有规定。到期货交易阶段，对交易方式、竞价撮合原则、头寸限制、涨跌停板限制等，都作了较为明确的规定。

深圳有色金属交易所在初期阶段，由于是现货叫价交易，而非计算机交易，因此对交易规定较为简单，主要靠主持人来掌握交易过程。

上海金属交易所，现货交易采用计算机撮合成交，它的交易方式与后来的期货交易类似。在期货交易规定方面，采用一价制方式，而非连续报价方式，基本上将分节交易放到计算机上实施，与日本期货交易方式有些相似。

上海粮油商品交易所对期货交易的规定较为详尽，对买卖报价、竞价撮合、头寸限制、价格涨跌停板限制都作了明确规定，可操作性较好。

四、保证金规定的比较

（一）郑州交易所

1. 郑州交易所在郑州粮食批发市场阶段，交易规则（1990 年版）规定实行基础保证金和追加保证金制度：一是基础保证金，即买卖双方在每成交一笔交易后，按成交金额的 5%～10% 向市场交纳。二是追加保证金，即当粮食市场价格发生大幅度波动，基础保证金已不能有效保证履约时，市场可根据价格升降情况向买卖双方或某一方收取追加保证金。基础保证金和追加保证金用于保证合同的履行，合同履行无误后，市场将保证金的本息归还交纳者。

2. 《郑州商品交易所期货交易规则》（1993 年版）规定，会员交易之前，必须按不低于最高持仓合约总值的 20% 向结算中心寄存结算准备金。

3. 交易所实行合约保证金制度。合约保证金分为初始保证金和追加保证金。初始保证金：会员在进行期货交易后，必须在下一个交易日开市前按持仓合约总值的5%～15%将初始保证金从结算准备金中划入结算中心账户。追加保证金：当会员保证金户头数额减低到相当于初始保证金的75%（维持保证金水平）时，由结算中心向会员发出追加保证金通知，会员必须在下一交易日开市前将保证金划入结算中心保证金账户至初始保证金水平。

4. 会员可以提供下列物品作为保证金：中国现行货币和可兑换的外币；市价80%的可兑换的国家债券和国库券。

（二）深圳有色金属交易所

1. 交易所实行保证金制度。保证金是会员单位在入会时一次交清的风险基金。保证金的额度由交易所理事会拟定，报监事会核准后执行。会员单位违约造成的损失，定金不足补偿时或会员单位在交易所违反交易规则所造成损失时，交易所有权从会员单位的保证金中扣除。

2. 交易所实行定金制度。定金是买卖双方在经济上的信用保证，主要用于防止买卖各方因发生亏损时拒不履约所造成经济损失的风险。定金在合同履约时与买卖各方清算。

3. 定金按成交金额的3%向买卖双方收取，并存入交易所的账户中。定金根据市场价格的变化予以增减。

4. 成交后如持合约因市场价格变化，按当日结算价计算，亏损金额超过定金的25%时，交易所结算部有权要求出市代表在下一个交易日开市前追加定金。当会员单位在交易中出现亏损超过定金的70%而仍未补足时，交易所有权采取强制平仓的措施。平仓后造成的损失和有关费用由该会员单位承担。

（三）上海金属交易所

1. 为了确保交易的顺利进行和买卖双方的合法权益，交易所实行保证金制度。保证金分为基础保证金和交易保证金（初始保证金、追加保证金）。

2. 基础保证金是会员单位开展正常交易活动的信用保证，额度为20万元，并一次性存入交易所账户中。会员违约或违反交易规则时，造成对方损失，用交易保证金不足以弥补时，从基础保证金中扣除。

3. 初始保证金，主要用于防止买卖双方在交易中发生亏损时拒不履约所造成的经济损失。当买卖双方成交后，交易所按不同的交易向成交双方各收取成交金额一定比率的初始保证金。初始保证金比率为：（1）期货交易：5%～10%。（2）现货交易按交易总额分别定为：500万元以下，5%；500万～1000万元，3%；1000万元以上，1%。十天之内交货的现货交易不收交易保证金。交易保证金在合约平仓、合同转让和实物交收后由交易所与买卖各方清算。交易所视交易情况和市场价格的变化，对初始保证金的比率作公开适当的调整。

4. 追加保证金。自合约（合同）生效之日起至交割日止，如某商品的市场价发生波动，根据未平仓合约按当日结算价计算价差。如价差亏损超过一定数额时，交易所即向亏损方发出追加保证金通知。

（四）上海粮油商品交易所

1. 会员参加交易所交易市场交易，须向交易所交存结算保证金。结算保证金由会员根据各自的交易规模申报，起点为50万元，以每10万元为单位增加，经交易所批准后交存。交易所根据各会员交存的结算保证金数额，核定各会员每交易日递增持仓限额，任何会员不得超过该限额。

2. 会员须按当日结算价计算的持仓合约价值的5%～15%向交易所交纳履约保证金。每种合约具体的履约保证金比例由交易所另行公布。

3. 客户买卖期货合约应有的履约保证金数额，在初始水平（以下称"初始保证金"）和维持水平（以下称"维持保证金"）之间。客户开仓时，须按交易所规定向会员交纳初始保证金，初始保证金由会员从客户的资金账户中划转，如合约价格发生不利波动，客户交纳的履约保证金在弥补亏损后的余额低于持仓合约维持保证金时，须补交至初始保证金水平。

4. 每交易日闭市结算后，会员须向交易所交纳的履约保证金由交易所先从结算保证金中划转。会员若不如期交纳履约保证金而造成结算保证金不足，不得进行开仓交易。

5. 对于已平仓的合约，交易所将相应的履约保证金划转给会员，会员也须将相应的保证金划转给客户，划转时须将平仓盈亏轧抵。

（五）保证金规定的分析

郑州交易所在现货批发市场阶段，实行基础保证金和追加保证金制度，为后来的期货交易打下了基础。这是国内现货市场最早引进期货机制的尝试。郑州交易所在期货交易阶段的结算准备金、深圳有色金属交易所的保证金、上海金属交易所的基础保证金及上海粮油商品交易所的结算保证金皆具有相似的功能，基本上是参加交易前必须交纳的开仓准备金。相比较而言，上海粮油商品交易所结算保证金和郑州交易所结算准备金对控制风险较有利：上海粮油商品交易所结算保证金与新增开仓规模挂钩；郑州交易所结算准备金与持仓规模挂钩。而上海金属交易所基础保证金按 20 万元缴存，在交易规模大的情况下，抵御风险是不够的。郑州交易所的合约保证金、深圳有色金属交易所的定金、上海金属交易所的交易保证金和上海粮油商品交易所的履约保证金基本上是相同的，是与持仓挂钩、防止持仓风险的保证金。

五、结算规定的比较

（一）郑州交易所

1. 郑州交易所在批发市场阶段交易规则中规定，在郑州市场成交的合同，实行市场监督下的买卖双方自行结算制度。在条件允许的情况下，买卖双方可委托市场代办结算。

2. 郑州商品交易所期货交易规则规定，郑州交易所与银行联合设立结算中心，办理交易结算业务。结算中心在买卖双方之间处于中介地位，是卖方会员的买方，也是买方会员的卖方，承担交易履约监督的责任，保证期货合约的履行。

3. 结算中心实行每日结算制。差价结算：会员累计到当日的所有未平仓合约的总值与按当天结算价为基础计算合约总值的差额的结算。盈亏结算：当日平仓合约的实际买入总值与卖出总值的差额的结算。

（二）深圳有色金属交易所

1. 会员单位在交易所内的交易必须通过交易所进行统一结算。交易所结算部设立各会员单位往来账户，用于办理交易所会员单位之间的资金往来。买卖成交之后，由结算部根据出市代表签订的交易合约，直接从会员单位的往来账户中划转3%定金。

2. 每天交易结束后，结算部必须对每笔交易进行核对，并以当日结算价计算出每位会员未平仓合约的差价，作为是否追加定金的依据。

3. 每天交易结束后，结算部必须对平仓后的交易进行盈亏结算，并将盈余在下个交易日开市前转入会员单位往来账户中。

（三）上海金属交易所

1. 在交易所开办初期设立结算部，并在委托银行开设账户办理交易结算，会员单位在交易所内的交易必须通过交易所结算部统一结算。

2. 交易所结算部为会员单位在指定的结算银行设立专用账户，用于办理会员单位以及会员单位和交易所间的资金往来。会员单位应在专用账户中存入一定资金（或提供开户银行承兑汇票或保函），以准备随时支付交易保证金和手续费等费用。

3. 每日交易结束，交易所结算系统打印出当日交易汇总表，结算部就每笔交易和会员单位进行核对，以当日结算价计算出每一会员单位未平仓合约（合同）的差价，当日会员单位应交保证金总额超过银行保证金账户存款总额 25% 以上时，结算部向会员单位发出追加保证金通知，在下一交易日前补足差额。合约（合同）平仓后如有盈余则在每月月底结算后将盈余转入会员单位的账户中。

4. 当会员单位在下一个交易日开市前 15 分钟未能补足追加保证金，交易所有权停止该会员参加当日的交易。

5. 如果会员单位专用账户上的当日资金不足以支付当日的交易保证金，若经出市代表申请，交易所也可以补足应付之差额，但需要按贷款利率交纳滞纳金。会员单位应于下个交易日开市前 15 分钟补足差额，否则交易所有权停止该会员单位参加当日交易或对此合约代为平仓，平仓后的损失和有关费用由该会员单位承担。

（四）上海粮油商品交易所

1. 交易所以每一交易日为一个结算期。结算业务，统一按一次净额交收的原则办理。交易所（会员）在一个结算期中，对会员（客户）期货交易的盈亏和保证金结算，只计其应收应付款项相抵后的净额。

2. 每交易日闭市后，交易所即计算出当日每种合约的结算价格，并依据每一会员的当日成交清单和持仓合约做清算：平仓盈亏；持仓盈亏；应追加（清退）的保证金。

平仓盈亏为当日开仓并平仓盈亏与以前开仓、当日平仓盈亏之和。持仓盈亏为当日开仓未平仓盈亏与以前开仓延至当日未平仓盈亏之和。应追加（清退）的保证金，按当日持仓应收履约保证金总额减去上一交易日已交履约保证金总额，再减去平仓盈亏、持仓盈亏及费用得出。正数为追加数，负数为清退款。

3. 交易所向会员追收的保证金，会员须在第二日上午交易所营业时间内，到交易所付清款项。会员未能按时付清款项致使履约保证金数额不足，交易所有权对其相应的持仓强行平仓。交易所应清退给会员的保证金，由会员填写保证金清退单，经交易所核准后转入其账户。

4. 会员对客户清算平仓盈亏、持仓盈亏和应追加（清退）的保证金方法，原则上与交易所对会员清算相同。

（五）结算规定的分析

结算方式是区别期货交易和现货交易最重要的标志之一。如果不采用逐日盯市的每日结算，就很难称作期货交易，因为逐日盯市才是期货交易的本质特征，只有逐日盯市才有可能控制期货风险。

郑州交易所在批发市场阶段，基本上由买卖双方自行结算；在期货交易阶段，明确实行每日结算，但对如何结算，规则仅规定了基本程序，对持仓差价和平仓盈亏具体结算方法规定较原则化。深圳有色金属交易所对持仓差价和平仓盈亏规定较笼统，从交易规则本身看不出如何结算。上海金属交易所初期只明确交易所统一结算，没有明确实行逐日盯市的每日结算，而且其规定保证金可以用银行保函代替；会员当日应交保证金超过银行保证金账户存款总额25%以下时，不需追加保证金；会员平仓盈余每个月结算划转一次到会员账户中。这些规定与期货保证金控制风险理论要求有一定差距。相比较而言，上海粮油商品交易所结算规定较细致、明确和完善，最早明确实行逐日盯市和一次净额交收的办法，这对发挥保证金控制期货风险作用是较为有利的；而且对平仓盈亏、持仓盈亏及应追加（清退）的保证金如何清算规定得比较清晰明了，从规则角度看是符合国际惯例的期货交易结算方法。

六、交割规定的比较

（一）郑州交易所

1. 郑州交易所在批发市场的交易规则中规定，郑州市场成交的合同实行实物交割；货物在合同所确定的火车站车板或港口船舱交货；买卖双方必须严格按照成交样品的等级、规格、质量交收货物，否则按违约处理。

2. 郑州商品交易所的期货交易规则规定，交割是指卖方会员将仓单通过结算中心交换买方会员付款凭证的过程。客户实现仓单交割必须通过其经纪会员完成。

3. 用于期货交割的仓单，必须经过郑州交易所注册；允许经郑州交易所注册的仓单在郑州交易所买卖；从注册之日起，超过一年的仓单须由签发仓库重新签发。

4. 交割月份的每一营业日均可进行交割业务；卖方会员需要交割时，在规定的受理期限内，均可向结算中心提交交割通知单；结算中心接到交割通知单，在下一个营业日开市前，为卖方会员找出持该多头合约时间最长的买方会员，并书面通知买卖双方会员；卖方会员要准备向结算中心提交仓单，买方会员要准备向结算中心提交付款凭证；在提交交割通知单后的一周内应完成交割程序。

5. 实物协商交割是买卖双方自行协商交收实物的过程。实物协商交割的双方须向结算中心寄存交割总值10%的交割准备金，以备不能履行交割责任时向受损方赔偿。

（二）深圳有色金属交易所

1. 买卖双方交割地点为交易所指定的地点或合约中规定的地点。

2. 卖方可在交割月份内任何一天交货。卖方必须在离实际交货日

33

的前十天，将具体交货日期和提货凭证交到交易所，交易所接到通知和提货凭证后，立即通知买方准备收货和付款。

3. 买方接到提货通知后，应在卖方交货日前以电汇或汇票的付款方式将货款汇到交易所。交易所收到买方的货款后即将提货凭证交给买方。买方凭提货凭证在收货日提货。

4. 交易所在实际交货日后两天内将95%的货款付给卖方，剩余的5%货款在买方提货后与卖方结清。

（三）上海金属交易所

1. 现货合同签订后，买卖双方凭成交通知单在三天内将货款和提货凭证存入交易所，同时按合同标的进行查验，如符合要求，双方签具申请交割单并送交易所，交易所随即进行货款和提货凭证的交割，并向双方收取交易手续费。实物交收后由买卖双方自行结算。现货交易实物交收根据成交合同之条款处理。

2. 期货合同的交割为合约实物量所有权的转移，是指在规定交割期内提货凭证的交割，实物交收在合约交割后进行。期货交易实物交收的地点为交易所核准的仓库。

3. 最早交割日为期货合约到期月份的15日，最迟交割日为该月25日，期货合约的交割可在最早交割日与最迟交割日之内的任何一天进行。

4. 最后交易日（最早交割日一周前的交易日为最后交易日）前二周交易日为第一通知日，交易所在该日对到期合约予以公告，交易双方如在最后交易日前不准备再买卖平仓，应做好交付货款和接收实物的准备。

5. 交易所在最后交易日向卖方发出准备交割的通知，卖方接到通知应在最早交割日前将合约规定的品级、数量的商品存入交易所核准的仓库，并将提货凭证、质保书等交到交易所。交易所接到上述凭证后，对进仓货物进行检查，如符合合约规定，交易所立即通知买方准备收货和付款。

6. 买方接到通知后，应在最迟交割日前以电汇或汇票的付款方式将货款汇到交易所。交易所收到买方的货款后即将提货凭证交给买方，买方凭提单在提货有效期内提货。

7. 交易所在收到卖方的提货凭证后即向卖方退还交易保证金，在收到买方的货款后即退还买方的交易保证金，并将95%的货款付给卖方，剩余5%货款在买方提货后与卖方结清。

8. 近、远期合同转让以及合同到期后的交割和结算均参照上述期货交易办法处理。

（四）上海粮油商品交易所

1. 交易所设立定点仓库，为实货交割组织储备货源，并将一定品种、数量、质量的货物以栈单的形式为卖方提供现货凭证。栈单统一按交易所提供的规格样式印制。用于交割的栈单，须按约定的品种、等级向定点仓库购取。

2. 进入合约月份，合约卖方可提出以交割实货平仓，至合约月份最后交易日闭市时，持合约的买方、卖方，必须以交割实货平仓。进入合约月份时，客户（合约卖方）要求在最后交易日（不包括最后交易日）前交割实货，须备好栈单并填写交割申请单，由会员审核后交给交易所核准。合约月份最后交易日闭市后的交割，同一会员的客户，所持每种合约空头、多头数量相抵的部分，由会员负责实施，相抵后净持仓，由交易所负责实施。

3. 交割分持盘日、通知日、交割日依次进行，且须在最后交割日前（含最后交割日）完成。合约月份最后交易日前，合约卖方提出交付实货的当日（闭市后）和合约月份最后交易日（闭市后）为持盘日。最后交易日之前的交割，由交易所为买卖方配对。其交收对象是持多头合约最长的买方。最后交易日之后的交割，由交易所和会员分别为买卖双方配对。交收实货的相应持仓，由会员、交易所在该日作最后盈亏结算。持盘日的下一个营业日为通知日，交易所、会员将配对结果以交割通知单通知买卖双方。通知日后五个营业日均为交割日，第五个营业日为最后交割日，交割日由卖方选定并书面通知买方。交割日下午二时前，卖方持栈单和发票及一份发票副联，买方持货款（支票）到会员或交易所交割部门办理票据交换，发票副联由会员或交易所交割部门收存。

4. 票据交换后，买卖双方须填写交割确认单并签章。交易所、会员依交割确认单退还实货交割双方的履约保证金。

（五）交割规定的分析

郑州交易所在批发市场的交易规则中，对实物交割基本上采用场外现货交易传统方法。上海金属交易所、深圳有色金属交易所由于初期都是现货交易，因此对交割规定较简单，交易所只负责为会员提供货款与提货凭证交换服务。

在期货交易阶段，各交易所在交易规则中，不论详简，对期货交割流程的规定大同小异。值得提出的是，上海粮油商品交易所和郑州商品交易所对买卖双方未平仓合约交割通过计算机进行随机配对，并较早推出栈单（仓单）注册和交割，这对规范期货交割是一个创新。除了上海金属交易所外，其他三个交易所规定进入合约月份卖方就可提出交割，这对加强期货与现货联系、抑制投机和收敛价格都是有积极作用的。特别是上海粮油商品交易所的交割规定和流程较为详尽，可操作性强，不失为早期期货交易的范本。

七、结算价格规定的比较

（一）郑州交易所

1. 郑州商品交易所的结算价是该商品的当日收盘价。特殊情况下价格委员会有权会同有关方面调整结算价。结算价是计算未平仓合约差价、决定是否追加保证金和制定下一个交易日的交易停板额的依据。

2. 收盘价是当日交易结束前 3 分钟内成交合约的算术平均价，如最后三分钟没有成交，则前推至最后一笔的成交价格。

（二）深圳有色金属交易所

1. 当日结算价格是指该种商品在交易日里收市前的成交价格。

2. 当日结算价格作为未平仓合约差价计算的依据，也作为对外公布价格的依据。

（三）上海金属交易所

《上海金属交易所规则》规定：当日结算价格是指该商品在交易日里成交价格的加权平均价。当日结算价格作为未平仓合约差价计算及是否追加保证金的依据。

（四）上海粮油商品交易所

1. 交易所每种期货合约的结算价格，为该合约当日成交价的加权平均价。

2. 每交易日闭市后，交易所即计算出当日每种合约的结算价格，并依据每一会员的当日成交清单和持仓合约作平仓盈亏、持仓盈亏和应追加（清退）的保证金清算。

（五）结算价格规定的分析

对结算价格的规定，郑州交易所和深圳有色金属交易所采用收盘价，主要区别是郑州交易所用交易结束前 3 分钟内成交合约的算术平均价，深圳有色金属交易所用收市前的成交价格。上海金属交易所和上海粮油商品交易所用当日成交价格的加权平均价。从价格连续性角度看，用收盘价作为结算价，对观察价格走势是有利的，但在结算持仓盈亏时，难以在收盘价中排除人为因素，从而对持仓盈亏影响较大。从持仓盈亏接近真实的角度看，用当日加权平均价作为结算价格，对反映持仓成本的真实性是有利的，但由于加权平均价对反映价格连续曲线起到了磨平作用，因此对价格走势的反映是有缺陷的。

八、代理与自营规定的比较

（一）郑州交易所

1. 郑州交易所在郑州粮食批发市场阶段交易的管理规则中规定，交易会员分为两种：一是粮食经营企业会员可以从事自营买卖和代理买卖。二是粮食生产企业会员只能销售自产粮食，不能购进；粮食加工企业会员只准购进所需原料，加工成品出售，不准转销原料粮。

2. 《郑州商品交易所期货交易规则》规定，经纪业务是会员企业在郑州交易所内为客户代理交易的活动。会员申请代理业务时，必须提供代理章程或代理规则。拥有经纪业务的会员可以从事所有上市品种的代理业务。

3. 经纪会员的代理业务与自营业务的财务账目必须分开。自营业务与代理业务在交易中同时发生时，必须优先代理业务。经纪会员对所受理的代理业务之间、自营业务与代理业务之间的交易不能直接对冲（平仓），必须经郑州交易所进行交易。

（二）深圳有色金属交易所

1. 代理交易是指会员单位受理其他单位（客户）的委托并指派其

出市代表在场内进行交易的行为。

2. 非会员单位不能直接入场交易，只能委托会员单位并通过出市代表进行买卖。

3. 会员单位在受理委托时，应要求客户采用书面委托方式（含电传、电报指令）。

（三）上海金属交易所

1. 代理业务是指会员单位受理其他单位（客户）的委托并指派其出市代表在场内进行交易的行为。

2. 非会员单位不能直接进场交易，只能委托会员单位并通过出市代表进行买卖。

3. 会员经营代理业务应有明确的代理章程。

4. 会员单位在受理委托时，应要求客户填写交易委托书或以其他书面方式（含电传、电报指令）委托。

5. 会员单位的代理业务和自营业务必须分开，内部账户分设。

（四）上海粮油商品交易所

1. 从事期货买卖代理业务的，必须是交易所的会员。会员受理期货买卖委托业务，限于经交易所注册的营业机构。

2. 客户买卖期货，可选择某会员为其代理人，并向该会员申请开立期货买卖账户。客户开户登记分自然人登记和法人登记。

3. 会员对客户存入期货买卖账户的所有资金，须分账管理，不得将客户的资金挪作客户自身买卖期货之外的用途。

4. 客户委托买卖限于书面委托、电话委托和传真委托三种形式。

5. 会员业务人员在接受客户定单时，应依序编号、加盖时间戳记和本人印章，并将其中一联交客户收执。

6. 会员对客户之间的交易品种相同、部位相反的委托，须在交易所交易市场公开交易，不得私下成交。

7. 在交易所交易市场自营买卖期货，限于交易所批准可经营自营买卖业务的会员。会员自营买卖期货，须单独开设账户，其资金不得与客户资金混淆。会员自营买卖时，须在其账户中存入买卖合约所需履约保证金的资金。

8. 兼营自营业务的会员，必须优先执行客户的买卖指令，并且不得将客户的委托买卖在场外为自己作对应买卖，或将客户交易品种相同、部位相反的委托在场外居间买卖，从中牟利。

（五）代理与自营规定的分析

郑州交易所在批发市场阶段，会员代理规定较原则化，没有明确如何代理；在期货交易阶段，对代理业务的几个关键点有了规定，如代理与自营业务账目分开，交易中先代理后自营，代理业务与自营业务不得直接对冲等。深圳有色金属交易所开业较早，对代理规则方面规定较简单。上海金属交易所有关代理的规则，大部分按深圳有色金属交易所的方式表述，但增加了"代理业务和自营业务必须分开，内部账户分设"的规定。上海粮油商品交易所对代理和自营规则规定得较全面：对会员代理业务的经营场所、开户登记、账户资金管理、客户定单编号管理等都作了详细规定，特别是为防止会员自营业务侵害客户利益，对自营作了较严格的规定。

九、早期期货交易所交易规则的总体分析

改革开放初期，郑州商品交易所、深圳有色金属交易所、上海金属交易所和上海粮油商品交易所是具有代表性的交易所，从它们的交易规则可以较清晰地看到其各自的特点以及对中国期货市场产生和发展的历史贡献。

（一）郑州商品交易所

郑州商品交易所前身是郑州粮食批发市场，是较典型的现货批发市场，初期引进一些期货交易机制，由于当时现货批发市场试验步履维艰，于是在现货市场徘徊几年后，最终回到当时开办市场的初衷——发展期货交易。

郑州粮食批发市场交易及管理规则为《郑州粮食批发市场交易管理暂行规则（1990 年版）》《郑州粮食批发市场交易管理暂行实施细则》，这两个规则基本上是现货批发市场交易和管理规则，它的交易方式、管理方式、结算方式、交割方式等与传统粮食市场区别不大，较有特点的是引入了诸如会员制、保证金制和场内合同转让等机制。这一系列交易管理规则，为以后建立规范的中远期市场和期货市场提供了借鉴。

《郑州商品交易所期货交易规则（1993 年版）》推出时，其他一些交易所中远期交易和期货交易规则已出现，因此这部规则与其他交易所交易规则大体是同一时期产生的。但它有几个特点是明显的：会员代理与自营业务账目分开；交易中先代理后自营；代理业务与自营业务不得直接对冲；实行头寸限制；规定投机账户最多可持头寸的数量；实行涨跌停板限额制；实行每日结算制度；设立仓单制度等等。这些规定，在早期交易所规则中是有制度性贡献的。

（二）深圳有色金属交易所

深圳有色金属交易所，是第一家公开亮出期货交易所牌子的市场，尽管其建立初期是从事现货和中远期合约交易，而且交易规则和交易方式都比较简单，但它的交易规则中有些关键点，成为后来其他交易所的借鉴内容。

深圳有色金属交易所制定的《深圳有色金属交易所交易规则

(1991 年版)》是改革开放初期最早一部含有中远期和期货合约交易内容的规则,它对合约计量标准化、价格涨跌幅度限制、未平仓合约差价和保证金结算等关键内容都作了规定,为以后其他交易所交易规则的制定和完善打下了早期基础。

(三)上海金属交易所

上海金属交易所建立的目标是组织规范的金属期货交易。建立初期,国内没有现成的期货交易案例可借鉴,因此上海金属交易所在一段时间内先行组织现货交易,这实际上是在对期货交易如何组织进行摸索和过渡。上海金属交易所建立以后交易规模发展较快,在国内影响迅速扩大,为推动期货市场发展发挥了示范作用。

上海金属交易所制定的《上海金属交易所规则(1992 年版)》是一部含有中远期合同交易和期货交易内容的交易规则,其中对期货交易规定内容是比较多的。它对合约计量标准化、交易方式、保证金水平及保证金清算和实物交割等都作了明确规定。这个规则有许多内容同深圳有色金属交易所交易规则相似,可能有些是借鉴深圳有色金属交易所的交易规则,但有关期货交易的内容比深圳有色金属交易所有所增多,而且操作性更为明确,因此不失为早期市场较好的一部交易规则。

(四)上海粮油商品交易所

上海粮油商品交易所筹建初期,看到了郑州粮食批发市场等现货交易碰到的问题,因此决定不走从中远期合同交易起步之路,直接从期货交易起步。上海粮油商品交易所对期货交易规则作了许多突破性的设计,因此《上海粮油商品交易所期货交易业务试行规则(1993 年版)》成为改革开放初期,国内第一部较为完善的期货交易规则。

上海粮油商品交易所制定的《上海粮油商品交易所期货交易业务试行规则(1993 年版)》和参与制定的地方性法规《上海粮油商品交

易所管理暂行规定》（上海市人民政府令 1993 年第 39 号），对期货交易和管理有许多创新内容，而且可操作性强，发挥了引领作用，其主要特点有以下几方面。

1. 制定保证金体系，设置结算保证金，并与新增持仓规模挂钩，控制开仓风险；设置履约保证金，按总持仓收取，控制持仓风险；对履约保证金，随交割期临近采用阶梯式递增收取方式，防止交割风险。

2. 实行逐日盯市、每日结算、一次性净额交收无负债结算制度，摒弃了有些交易所采用的保函及押金方式，保障了期货交易的规范安全运行。

3. 对平仓盈亏、持仓盈亏和保证金计算，采取了简洁明了的方法。

4. 实行进入合约月份，卖方提出交割和栈单交割等有利交割和方便交割的规定。

5. 系统性地建立了保证金制、每日结算制、头寸限额制、价格涨跌停板制及大户报告制等风险防控体系。

6. 严格规定会员和客户管理制度及会员自营制度。

《上海粮油商品交易所期货交易业务试行规则（1993 年版）》是国内早期第一部较完善、较系统的期货交易规则，对中国期货市场的建立作出了早期重要的制度贡献。

参考资料:

［1］郑州粮食批发市场．郑州粮食批发市场交易管理暂行规则［Z］．1990.

［2］郑州商品交易所．郑州商品交易所期货交易规则［Z］．1993.

［3］深圳有色金属交易所．深圳有色金属交易所管理暂行规定［Z］．1991.

［4］深圳有色金属交易所．深圳有色金属交易所交易规则

［Z］. 1991.

　　［5］上海金属交易所. 上海金属交易所管理暂行规定 ［Z］. 1992.

　　［6］上海金属交易所. 上海金属交易所规则（试行）［Z］. 1992.

　　［7］上海粮油商品交易所. 上海粮油商品交易所管理暂行规定 ［Z］. 1993.

　　［8］上海粮油商品交易所. 上海粮油商品交易所期货交易业务试行 规则 ［Z］. 1993.

上海粮油期货市场建立的前前后后

——上海粮油商品交易所筹建纪事

中国现代期货市场建立已经有二十多年的历史，回顾 20 世纪 90 年代初中国第一批期货交易所的创建，我作为初创者和亲历者之一，仍感到思绪万千。我主持了上海粮油商品交易所的整个筹建工作，与我的同事们，在吴邦国和黄菊同志的关心下，在白美清、庄晓天、孟建柱等同志的领导下，创建了上海粮油商品交易所（以下简称上海粮交所）。上海粮交所在当时中国改革开放，特别是上海浦东开发开放的背景下，担当了改革先锋的角色，为中国期货市场初期创建作出了探索和贡献。

一、要找到替代计划流通和计划价格的方式

在今天，期货交易机制已成为经济学的常识，然而在改革开放初期，许多人都在探索、研究这一奇妙的游戏规则，我有幸成为其中的一员。1984 年，国家对粮食市场开始逐步放开。同年 7 月，我从上海财经学院毕业，回到上海市粮食局工作。9 月下旬，时任上海市粮食局党委书记应飞同志决定筹建"上海市粮油贸易中心"，从事计划外议价粮油的交易。他把筹建任务交给我和几个同事。在布置任务会上，他讲了一段让我至今记忆深刻的话。他说："国家决定对粮食流通体制进行改革，对粮食流通要逐步放开。过去我们是用统购统销计划经济的办法组

织粮食流通，粮食放开后怎么流通，我看关键是要找到一种替代计划流通的方式。现在各地都在搞贸易中心，我们上海也要搞粮油贸易中心，但不能搞倒买倒卖，能不能把贸易中心搞成组织议价粮食流通的交易市场。我1982年随姜习副部长参观芝加哥粮食期货市场，他们搞会员制，在场内公开交易，场外不能随便交易。解放前上海粮食市场也是场内公开交易。芝加哥粮食市场的方式我们能不能搞？我们创办'上海市粮油贸易中心'，就是要找到粮食放开后替代计划流通和计划价格的方式。"

于是，我们按照应飞同志的要求，筹建"上海市粮油贸易中心"。我们到处寻找收集芝加哥粮食期货交易市场的资料，收集新中国成立前中国机制面粉上海交易所的资料，构思"上海市粮油贸易中心"建设方案。但是当时很难找到芝加哥粮食期货交易市场的资料。正当我们为此发愁时，由于全国各类贸易中心泛滥，国务院决定对贸易中心进行整顿和关停，"上海市粮油贸易中心"没有建成就在整顿中停止了筹建。

"上海市粮油贸易中心"虽然没有建成，但是应飞同志提出的"要找到粮食放开后替代计划流通和计划价格的方式"这句话，给我留下了一连串问题和思考。芝加哥粮食期货交易市场究竟是怎样交易的，成为我经常关注和探索的问题。1986年以后，我陆续从报刊、参考资料中收集到一些美国和国外期货交易的资料，还收集到20世纪20～30年代中国期货交易的资料。后来我又看到了几本最早介绍期货交易的书籍，其中唐雄俊先生的《美国金融市场新知识》一书给我印象最深刻。尽管这些资料和书籍介绍的大都是期货交易的概念，但不管怎么说，给我提供了研究期货交易最早的钥匙和启蒙材料。我常常在思考应飞同志的话：我们能不能也搞芝加哥这样的市场？我们要找到一种替代计划流通和计划价格的方式。

二、上海有意创办国家级市场商业部会积极支持

1990 年 4 月 18 日，李鹏总理在上海宣布中共中央、国务院开发开放浦东的重大决策。同时，上海提出要建设成为国际经济中心、金融中心、贸易中心和航运中心。浦东的开发开放，拉开了中国改革开放新的一幕。浦东的开发开放，再一次唤起了我对建立像芝加哥那样的粮食市场的思考。1990 年 10 月，我参加上海市财贸党校第三期中青年干部培训班，在党校 5 个月的脱产学习期间，我花了许多时间，仔细研究了以往收集的期货交易资料。1990 年底，我向当时的上海市粮食局局长王树威同志写了一份书面建议，提出：上海粮食行业要抓住浦东开发开放机遇，从计划经济体制彻底转到商品经济体制上来，积极融入上海国际经济中心、金融中心和贸易中心建设。为此，建议在浦东建立大型粮食市场，开展现货交易和期货交易，发挥上海国际贸易中心作用。我的建议提出后，王树威局长等市粮食局领导非常重视，将我的建议整理成报告，报给当时上海市政府分管财贸的副市长庄晓天同志，庄晓天副市长表示积极支持的态度。

我知道，在此之前，国务院发展研究中心、国家体改委和商业部期货市场研究工作小组也在研究国内开展期货贸易工作。他们已有了在郑州、武汉、吉林建设粮油期货市场，在石家庄建设生产资料期货市场的初步方案。但当时他们没有在上海建设期货市场的设想。我感到上海建立期货市场的条件要优于其他城市，历史上上海是中国的经济中心和金融中心，在 20 世纪 20 ~ 30 年代就是期货交易市场的聚集地，而浦东开发开放将会提供更加有利的条件。在得到上海市政府和市粮食局领导支持搞期货贸易的情况下，我主动同商业部中国粮食贸易公司刘东平

（时任中国粮食贸易公司总经理）、沈思义、朱玉辰等同志联系，希望争取商业部支持在上海创办期货市场。在同他们的交流当中，我得知商业部中国粮食贸易公司正在根据白美清副部长的指示，研究全国粮食市场体系建设问题。白美清副部长指出，"建立和发展我国社会主义粮食市场体系的指导思想和基本框架是：根据计划经济与市场调节相结合原则，按照经济规律和经济区域，逐步建立一个网络齐全、功能完备、交易灵活、高效统一的运行机制，以适应粮食商品生产的发展和深化粮油流通体制改革的需要。这个市场体系，以星罗棋布的粮食初级市场为基础，以区域性的批发市场为骨干，以国家级粮食批发和期货市场为龙头，构成互相联系、互为补充的完整体系"。当时，郑州粮食批发市场已经国务院批准开业，他们重点开展现货中远期合同交易业务。同时，商业部还在考虑再开办一个层次较高的国家粮食批发市场。上海各方面是具备有利条件的，但是上海在计划经济时代给人印象比较保守，因此商业部一直没有明确提出过。我同商业部中国粮食贸易公司沈思义、朱玉辰等同志沟通后，很快，中国粮食贸易公司总经理刘东平以及专门负责市场建设的领导沈思义、朱玉辰等同志就向我们转达了商业部副部长白美清同志的意见：上海有意创办国家级粮食批发市场（由于当时对期货市场有不同意见，因此在许多场合和文件中用此名称代替期货市场），建议上海市粮食局向市政府汇报，如果上海市政府有这个积极性，商业部会积极支持的。得到商业部中国粮食贸易公司这个反馈后，我立即向上海市粮食局王树威局长作了汇报，并由市粮食局向市政府领导汇报了商业部领导的意见。

在商业部与上海达成在上海创办粮油期货市场口头意向后，为进一步推进此事落实，创造在上海建立粮油期货市场的条件，经商业部白美清副部长同意，1991 年 5 月 13 ~ 16 日，由商业部中国粮食贸易公司和我所在的上海市粮油贸易公司（我时任上海市粮油贸易公司经理）在上海联合举办"中美期货交易讲座"，时任美国芝加哥期货交易所第一副总裁劳伦茨和副总裁格罗斯曼等出席。此次讲座由沈思义、朱玉辰和我具体操办。国内各省粮食系统的贸易公司经理和各地批发市场筹建负责人及国内学者近百人参加了讲座学习。会上邀请美国芝加哥期货交易所的专家介绍了美国期货交易的历史、作用及基本交易原理，国内参加讲座的企业经理和学者们热烈讨论建立期货交易市场问题。此次讲座社会反响很大，推动了国内对期货交易的关注。

此后一段时间，由于上海市粮食局领导班子调整等原因，创办上海粮油期货市场的推进工作停滞了一些时间。1991 年 7 月，上海市粮食局班子调整后，由陈士家同志接替王树威任局长，我担任上海市粮食局局长助理，分管粮食市场建设等工作。我到任后，继续与商业部中国粮食贸易公司进行联系，争取在上海创办期货市场。

1991 年 10 月下旬，商业部在湖南长沙召开全国粮食批发市场座谈会。会上商业部传出信息，初步拟定在上海建立粮食期货市场，但要上海市政府明确表态。上海市粮食局陈士家局长连夜向庄晓天副市长汇报，并取得市政府领导书面表态意见，随即传真给了参加会议的上海市粮食局领导和商业部。座谈会期间，10 月 26 日商业部副部长白美清同志就在上海筹建期货市场作了明确表态。白部长讲："商业部经过反复酝酿，最后决定选择在上海建立期货市场，是考虑上海客观上具备不少条件。我谈几点意见：第一，上海办期货市场，起点要高，特点要突出。上海是我国最大的港口城市，具有金融、贸易中心和货物集散地的特点，在上海办市场要发挥上海的优势，把这些特点与办市场结合起来，市场的规划和筹建工作要体现改革的要求和精神。我想了很久，对上海市场的名称，叫'上海粮油商品交易所'，这个名字很好，有新

49

意，是新起点。第二，要认真搞好调查研究，制订方案。听说你们请了以前在上海搞市场的人员开座谈会，这很好。听听他们当时是怎么搞的，是怎样开展交易的，怎么投机的，是如何避免风险的，有些可以参考。第三，现在提出关于建立上海期货市场有两个方案，一个是分两段走，逐步到位，另一个是一步到位。两个方案，你们论证一下。我的意见，请你们回去以后，组织班子先搞方案，局长要向市长汇报，建议市长办公会议讨论。办市场一定要成立由市长挂帅的领导小组。如果市长没兴趣，不亲自挂帅，单有部里的积极性是搞不起来的。我打算11月份到上海去一次，具体听取你们的汇报。"

1991年11月5日，上海市粮食局将白美清副部长在长沙会议上的讲话精神向上海市副市长庄晓天同志作了汇报。庄晓天副市长对商业部选定上海创办粮油期货市场表示了积极的支持态度，并要求上海市粮食局速办。

同日，上海市粮食局成立"上海粮油市场建设"调研组，由我担任组长，王和生同志担任副组长，汤克均等同志参与。调研工作迅速展开，我们连夜拟订建立上海粮油期货市场的方案。好在此前，我收集了许多期货市场的资料，作了大量准备，此时拟订方案派上了大用场。我们于1991年11月8日写出了关于新建上海粮油批发市场的设想，作为筹建上海粮油期货市场方案的第一稿。很快，于11月22日，在第一稿基础上修改形成了《上海市粮食局关于筹建上海粮油商品交易所方案》，提出：上海粮交所立足中远期合同交易，争取在不太长的时间内实现合同的标准化和合约转让，向期货交易过渡，最终建设成在国家统一领导下，服务全国，面向世界，国内外贸易兼有的现代化、多功能、高层次的粮油商品交易中心。该方案对交易所的发展目标、性质、功能、组织形式、交易规则、风险控制、实施步骤提出了设想。当时之所以提"向期货交易过渡",主要是在听取一些专家学者和政府部门意见时,有不少人对期货交易明确反对。为回避这些问题,所以采用了上述提法。

11 月 8 日,初步方案拟就后立即报给了商业部中国粮食贸易公司。11 月 13 日晚上在京西宾馆,上海市粮食局局长陈士家等就初步方案内容,向商业部副部长白美清同志作了汇报。白美清副部长再次表示商业部全力支持上海建立国家级粮油商品交易所。当天晚上,白美清副部长谈了如下意见:第一,商业部与国家粮食储备局全力支持上海把粮油商品交易所办好。第二,上海搞粮油商品交易所起点要高,经营范围要广一点,除了粮油,今后逐步发展到其他农产品。上海粮交所要发挥它应有的作用,在全国要有影响力。第三,认真做好粮油商品交易所的咨询论证工作。商业部也准备组织专家到上海去,与上海的同志一起进行可行性研究。第四,积极做好粮油商品交易所的筹备工作。搞粮油商品交易所,要从粮食系统的发展战略来看,起点要高一点,想得远一点。关于会员,可以把全国几大总公司及各省市粮食系统的一些主要公司都发展进来。中央要成立协调小组,地方也要成立一个领导小组。粮油商品交易所还要排个时间进程表。全国性的交易市场要经国务院批准,要向国务院写报告。以上问题先请向市政府领导汇报。

不久商业部部长胡平率商业部各司局、各公司领导来沪,于 1991 年 12 月 10 日与上海市政府领导签订了《关于发展商品流通和建设商品流通设施的合作意向书》,此意向书由商业部副部长傅立民与上海市政府副市长庄晓天签署,关于建立上海粮交所项目作为整个合作意向中的一个重点项目。意向书签订后不久,上海市粮食局将"上海粮食市场建设"调研组转为"上海粮油商品交易所"筹建处,我担任筹建处主任,王和生任副主任,汤克均、金炎等作为最早的一批筹建骨干。市粮食局陆续对筹建处充实了一些力量，先后参加到筹建处的有马荣庆、陈融、劳光熊、陈建平、宣月清、黄幼杰、王丰利、陈伯奇、华莳蕻、樊友乐等同志。1992年3月31日，上海粮油商品交易所正式设立。

三、上海办期货市场起点要高

上海粮交所筹建进入紧张的阶段，尽管已有了初步方案，但真正要制订一个起点高，又可实施的方案，碰到了许许多多的问题。会员制问题、标准合约问题等很快得到了解决。但涉及几个焦点问题，不论是筹建处内部，还是政府部门及专家都有针锋相对的看法。关键焦点集中在几个问题上：一是期货交易起步还是中远期合同起步；二是是否实行每日结算；三是是否开放自然人参与交易，是否允许投资和投机；四是交易所能否作为股份公司上市。

关于期货交易起步还是中远期合同起步，是筹建阶段的争议焦点。交易所筹建处两个方案都写了，但倾向于从期货交易起步。这既是想体现上海粮交所的高起点，又考虑以适应上海建设国际金融贸易中心的发展。但当时征求中央有关部委和上海市政府有关部门意见时，多数都不倾向于直接从期货起步，主张从中远期合同交易起步，引进一些期货交易机制。主要理由是中国市场化程度较低，大家对期货还不熟悉，不具备条件。由于这涉及交易所筹建的大前提，是所有交易规则和管理制度的核心前提，因此在筹建过程中对此进行了较长时间的反复论证。我和筹建处的同事比较坚持从期货交易起步，但由于政府部门多数不倾向于我们的意见，为了不影响筹建进度，我们拟订了两套交易和结算规则及管理制度，准备一旦开办期货交易通不过，就先从中远期合同交易起步。这个问题最后是在1992年10月27日汇报论证会上解决的，这次会上白美清副部长决定上海粮交所直接从期货交易起步。

关于是否实行每日结算制度（即"逐日盯市"制度），这是当时争议的另一个焦点问题。实际上每日结算制度是当时期货交易还是现货中远期交易区别的主要标志。1992 年前后开业或正在筹建的交易所（批发市场），都没有采用每日结算制度，有的甚至用保函代替保证金。其实这对控制市场风险是极为不利的。当时争议主要在交易所筹建处内部和部分专家之间。一部分同志力主从期货交易起步，一开始就实行每日结算制度；也有一部分同志担心，每日结算制度太复杂，我们所有人都不熟悉期货结算，是否有能力设计出每日结算的制度和方式，还担心实行这么严格的保证金结算制度会不利于市场交易。但是我们几位主要人员非常坚持，决心要搞出国内第一套期货每日结算制度和方法。我和马荣庆、劳光熊等同志夜以继日研究结算制度和结算公式，逐字逐句地讨论，用数据反复测算，并同计算机软件编制人员反复讨论。在大家奋力工作下，终于设计出了国内期货市场第一套保证金每日结算制度和方法。而且这套制度构成了较严密的风险控制体系，这个体系由保证金制度、每日结算制度、头寸限制制度、分层风险管理制度等构成。特别是对保证金实行按总持仓收取，严格控制了交易风险。到今天来看，这些设计思想和制度，对控制风险仍然有效。

关于是否允许自然人参与期货交易，这个问题在政府部门之间争论很激烈。当时已经开业的批发市场和正在筹建的交易所，规则只允许企业法人参与交易，不允许自然人参与。我们在筹建时一直在考虑，期货交易需要投资者和投机者参加，扩大市场参与主体，增加市场的流动性，也使市场有风险转移和承担者。同时，我们根据商业部和市政府领导提出的，上海粮交所在各方面要有更多突破，因此，在方案设计中提出允许自然人参与期货交易，这在当时是交易制度方面的很大突破。交易法规征求政府有关部门意见时，当时多数政府部门认为自然人信誉差、实力弱，不倾向于自然人参与期货交易。我们反复做政府部门同志的工作，宣传期货市场需要投资和投机资本，转移和分担价格风险，并宣传粮油的特点不同于其他商品，粮油是小生产，需要通过市场与大流通结合。当时，上海市政府法制办非常支持我们，从法理上帮我们寻找依据。最终，以上海市政府令形式，由黄菊市长签署发布的《上海粮油商品交易所管理暂行规定》明确规定：公民可以客户名义参与期货交易，实现了大宗商品交易制度的重要突破。

关于交易所是否能上市。上海粮交所筹建是浦东开发开放中的举措，当时缺乏建设资金，商业部和市政府领导提出，由商业部和上海市政府安排一部分，其余要由社会集资，由商业部所属企业和全国粮食部门共同投资。共同投资怎么搞？我向市粮食局陈士家局长、高慧芝副局长等领导提出，组织股份有限公司，上市发行股票。当时这个想法得到了市体改办副主任蒋铁柱等同志的大力支持。于是，上海市粮食局专门向市财办、市体改办写了《关于筹建上海粮油商品交易所股份有限公司和申请发行股票》的请示。但当时上海市粮食局内部多数人对期货交易所上市盈利前景不看好，影响了对上海粮交所的上市决策。最后由为上海粮交所配套服务的部分功能，如写字楼、住宿、餐饮等服务性业务上市，即上海良华实业股份有限公司作为 A 股上市公司。

四、建立期货市场对上海长期发展是必不可少的

上海粮交所的筹建过程，凝聚了许多领导的心血和智慧。时任商业部副部长白美清同志（后商业部并入新设的国内贸易部，白美清同志任国内贸易部副部长兼国家粮食储备局局长）倾注了最多的心血。他于 1992 年 5 月 20 日、6 月 18 日、7 月 30 日、10 月 27 日，1993 年 6 月 14 日多次听取汇报，亲自组织论证会，对上海粮交所筹建和开业的重

大问题及时作出了明确指示。尤其是白美清副部长决定上海粮交所直接从期货起步，使上海粮交所成为国内第一家真正意义上的期货交易所。上海市副市长庄晓天同志代表上海市政府对上海粮交所建设给予了全力支持，许多重要突破与他的支持是分不开的。时任市长黄菊同志签发了《上海粮油商品交易所管理暂行规定》，成为全国第一个由地方政府发布的期货交易管理法规。时任上海市副市长孟建柱接替庄晓天副市长工作后要求上海粮交所立即开业，使上海粮交所抓住了市场发展的机遇。

在上海粮交所建设的关键时候，时任上海市委书记吴邦国同志对上海粮交所筹建指明了重要方向。1992年6月25日下午，市委书记吴邦国、副书记陈铁迪在上海物资贸易中心召开市场工作座谈会。参加座谈会的有我和上海金属交易所总裁余国聪，上海市物资局局长李厚圭、副局长周晓红，上海棉花交易所筹备组负责同志，上海市纺织局的负责同志等。会上，余国聪总裁汇报了上海金属交易所筹建过程和一个月的运行情况，我汇报了上海粮油商品交易所的筹办情况，周晓红副局长汇报了准备筹建上海煤炭市场的情况。

我汇报时谈到，上海粮交所所在地浦东良友大厦预计1994年底才能建成，准备1993年初先在浦西良友饭店借地开业；交易品种打算开设粮食、食用油脂、饲料粮等期货交易；拟用电脑交易方式；以及立法等情况。吴邦国同志说："先借个地方开起来，1994年太晚了，时机错过了。交易品种饲料粮包括进去，粮油大宗商品都要包括进去。用电脑交易好，中国这么大，说话各地都听不懂，再打手势交易更麻烦。立法问题，现在搞，肯定会有许多障碍，因为不懂期货市场的人不少，不易通过。先交易起来，经过实践后再立法，搞得成熟了，有基础了，立法就行了，现在我们的市场还刚开始。"当我汇报到国内还没有真正的期货交易，对期货交易要不要上还有不同看法，我们想期货上快一些时，吴邦国同志说，上海市场起点要高一些，要发展期货。

最后，吴邦国同志谈了几点意见：第一，市场要搞。没有市场，怎么把企业推向市场？市场无论如何要办好，走在全国前面。上海有条件，要把它当大事抓，要把大的国家级市场尽量在上海形成。邓小平同志讲，上海要发展成贸易中心、经济中心，要当大事来抓，抓在全国前面。第二，国家级市场还要与国际接轨。不要小打小闹，要立足全国，与国外接轨，产品经济过渡到市场经济快得很。会员要大企业，有信誉、有资本的，想方设法把他们吸引到上海来。包括我们交易所搞大楼要配套，搞最好的，多投点资。第三，专业干部要培训，懂了胆子就大。全部培训（指出国）不可能，但一定要有专家，人才要出在上海，要花点精力。第四，交易所内部管理、人员使用、工资分配，甚至职工住房，市场要照市场的办法办，不要像衙门。好的人才不要留不住，不需要的人不要跑不掉，千万不要搞成行政化。新的东西，要用新的办法，新的东西可以尝试一下，其他部门不要干预。市场办得好，对上海发展影响很大，还能带动一系列工作。

吴邦国同志特别指出："以后我们搞社会主义市场经济，搞市场是本质的东西。现在改革开放，搞自主、放开、简政放权等，搞市场比这些还重要。上海到20世纪末，国民生产总值年增长达10%，但全国都上去了，资金、原材料就紧张。所以，上海要在较长时间维持较高的增长速度，就要形成一个有利环境。建立期货市场对上海长期持续发展是必不可少的，搞期货风险大，但期货市场肯定会有前途的。"

吴邦国同志的讲话高瞻远瞩，不但为我们当时建设期货市场指明了方向，而且为上海长期持续发展指明了方向。

上海粮交所建立过程中，除了商业部、国家体改委和上海市领导关心支持外，各级政府部门领导、企业界领导和经济理论界专家及商业部老领导，如姜习、季铭、刘东平、唐新元、范文明、沈思明、胡正昌、许冠祥、张广生、蒋铁柱、沈思义、朱玉辰、许宗仁、赵凌云、杜岩、段应碧、吴硕、曾丽瑛、田源、常清、朱国华、余健、张庶平等许许多多同志都给予了大力的支持和指导。特别是商业部吴硕教授，不论是在北京，还是来上海，十多次悉心指导，仔细和我们研究期货市场建设问题，我永志不忘。

五、上海粮交所起步以期货交易为主

1992 年 7 月 30 日，由上海市粮食局局长陈士家带队，我和其他四位同志一起去北京，向商业部副部长白美清同志汇报上海粮交所开业筹备情况，并对设计方案进行论证。参加此次汇报会的有国家体改委、农业部、中国人民银行、国家粮食储备局、商业部经济研究所、基建司、财会司、粮食管理司、粮食综合司、规划调节司、世界银行项目办公室和中国粮食贸易公司的负责同志。我在会上汇报了上海粮交所开业筹备情况以及几个主要问题：第一，交易模式问题；第二，交易品种问题；第三，发展会员和交易参与者问题；第四，交易结算问题；第五，起草向国务院的报告和交易管理规则问题；第六，建设资金问题；第七，争取优惠政策问题。汇报中我提出：对交易模式，倾向于从期货起步；对交易品种，倾向于主要粮油品种，包括大米；对会员发展，建议面广些，包括国营、私营和中外合资企业，粮食行业和非粮食行业及金融机构；对期货交易，倾向于允许个人参与交易。在会议讨论过程中，有些部门负责同志不倾向于从期货起步，坚持要从现货中远期合同交易起步；有些同志认为大米（粳米）是关系国计民生的重要品种，不倾向于引入期货交易；大多数同志比较赞成会员吸收面广些，但对允许个人参与交易意见分歧较大。

在各部门讨论后，白美清副部长谈了重要意见，他说："筹办上海粮交所，前一段时间你们抓得不错，部里对你们的工作很满意。下一步继续加紧筹办，力争早日开业。要根据国际惯例与中国实际情况相结合原则，迅速制定交易所有关规章制度。具体有几条：第一，交易模式问题，起点要高，既可期货交易，又可现货交易。第二，交易品种问题，可以先小麦、大麦、玉米，粳米是否也可以考虑。第三，发展会员问题，发展会员要与建立经纪行、经纪公司结合考虑。对象可以以国营企业为主，广泛一点，不限粮食系统，可以向多种经济成分发展。工厂也可以参加，个人可以委托经纪行交易。一定要有风险承担者，首先国营企业承担，逐渐发展到多种经济成分，投机者与套期保值要进一步研究。第四，结算要搞好。同银行联合，搞期货、现货交易必须兑现。结算中心可以采取各银行联合搞股份制的办法，要与金融市场联合起来，从实际出发。第五，做好各项准备工作问题。向国务院的报告，由商业部、上海市政府、国家体改委三家联合报告，争取 10 月份批下来。交易所管理委员会要搞，先由商业部、上海市政府再加体改委，可以部门少一点。交易所有关文件修改，请咨询小组帮忙。第六，交易所借地开业问题。可以先放在浦西良友饭店，力争明年一季度开业。这个事你们研究。第七，资金问题（略）。第八，优惠政策问题。要请（上海）市长、秘书长、财贸办主任帮助解决。有许多事要按程序办，是办不成的。最后，请你们回去向市政府汇报。"

我们从北京回到上海后，迅速根据白美清副部长的要求，对各项开业筹备工作进行落实。1992 年 9 月 8 日，上海市粮食局将商业部 7 月 30 日论证会及落实情况向上海市政府副市长庄晓天同志作了汇报，参加汇报会的领导有市财贸办主任张俊杰、副主任沈思明及市粮食局局长陈士家。

　　我在会上汇报了几个问题：第一，上海粮交所初步拟订在 1993 年春节前后借地开业。第二，我们已起草了《关于开办上海粮油商品交易所的报告》，以商业部、国家体改委、上海市政府名义上报国务院，争取国务院 10 月份批下来。第三，我们已起草了《上海粮油商品交易所管理暂行规定》《上海粮油商品交易所章程》《上海粮油商品交易所期货交易规则》等 5 个规章制度，送商业部及市场咨询领导小组审查。市场咨询领导小组反馈意见中建议交易所管理暂行规定和交易所章程这两项规则附在向国务院报告后，请国务院对报告一起审批。其余规章制度由上海市政府或上海粮油商品交易所管理委员会审批。第四，拟订交易模式问题，有两个方案：方案一，以中远期合同交易开始，引入期货市场机制，实行合同标准化和合同转让。同时选择现货交易数量多、价格波动大、交割运输条件好的品种开展期货交易（即同时开展期货、现货两种交易）。方案二，直接选择几个品种开展期货交易，不搞中远期合同交易。上海粮交所倾向于方案二，但征求商业部、市场咨询领导小组和上海市政府有关部门意见，多数同志倾向于方案一。第五，发展会员问题。交易所实行会员制，我们的意见是发展会员要与建立经纪公司结合起来考虑。对象以国营企业为主，向多种经济成分开放。个人可以委托经纪公司交易。允许合法投机者参加交易，可以起到分担风险和制造市场流动性的作用。投机者允许多种经济成分与个人参与。第六，组织领导问题。上海粮交所的领导机关是商业部和上海市政府。经与商业部商量，由商业部、上海市政府、国家体改委、国家粮食储备局和市有关部门组成交易所管理委员会，行使政府对市场的管理、监督职能。第七，争取优惠政策问题（略）。第八，建设资金问题（略）。

　　听了我的汇报后，庄晓天副市长谈了几点意见："第一，关于交易所建设资金问题，按原来与商业部商谈的各半承担原则解决。第二，关于交易所的组织领导问题，按商业部领导意见办，成立交易所管理委员会，由上海市政府、商业部、国家体改委、国家粮食储备局、市财贸办、市体改办、市粮食局、市财政局、市工商行政管理局、市物价局等部门领导参加，由上海市政府和商业部领导任主任。第三，关于争取给予交易所优惠政策问题。你们说的几条优惠政策，都要写进向国务院的报告内，力争支持解决。第四，关于借地开业问题。我赞成，如有问题，我再协调。第五，现在正研究粮食购销价格全部放开的问题，交易所借地开业的时间表要尽量争取提前，以便适应粮食流通体制改革发展的需要。"

庄晓天副市长的意见，反映了上海市政府对建设上海粮交所的积极支持态度。我很快将这些意见向商业部作了汇报反馈。对于交易所最至关重要的交易模式问题，交易所还想争取放弃中远期合同交易，直接从事期货交易。

为了尽快解决这个问题，1992 年 10 月 27 日白美清副部长约请商品期货交易咨询小组和商业部有关司局及国家粮食储备局的有关领导和专家，就上海粮交所试办期货交易再次举行论证会。会上，我就上海粮交所运行方案作了汇报。方案提出，上海粮交所直接从期货交易起步，并就规则制定、会员发展、期货结算、期货品种、市场管理提出了具体方案。我在汇报中对中远期合同交易问题没有提及，还就向国务院报告起草内容作了说明。这次论证会阵容强大，与会的有商业部原副部长姜习、季铭，期货交易咨询小组成员杜岩（国家体改委司长）、魏耀荣（全国人大法制工作委员会）、段应碧（农业部农研中心主任）以及商业部吴硕教授等十多位专家和各部门领导。上海方面参加论证会的有我和上海市粮食局副局长张崇伟，上海粮交所王和生、汤克均等同志。我汇报后，大家进行了讨论，由于会前对交易模式问题做了领导和专家们的工作，因此讨论中除了个别专家外，大家对直接从期货交易起步没有提较多的反对意见，只提了一些具体问题和建议。

最后白美清副部长作了总结讲话。他说，"上海粮交所建设工作从去年长沙会议以来，在上海市政府和商业部领导下，在国家体改委和上海有关部门的帮助支持下，经过一年多的努力，做了大量工作，取得了很大的进展"。"粮食等重要农产品，要在现货交易的基础上，逐步向远期合同和期货交易发展，建立和完善社会主义市场经济体系，一定要引进期货交易机制，这是方向，一定要积极、稳妥地下功夫搞好。"接着他明确了几点意见：第一，上海粮交所起步以期货交易为主，这个模式要定下来，不能动摇。郑州粮食批发市场开办以来，三级市场有了很大的发展。随着粮价的放开，市场机制的作用将更加明显，需要一个期货市场出现。在上海，特别是在浦东试办一个期货市场，有利于国内外贸易的衔接，同国际期货交易的接轨，对促进上海国际经济、金融、贸易中心的形成，有着十分重要的意义。通过规范化的期货市场，逐步形成套期保值、转移风险、价格导向的机制，对指导生产、保护生产、引导消费、加强市场宏观调控将发挥积极作用。第二，期货交易要抓住两个环节。一个是发展会员，另一个是发展经纪公司和经纪人。会员需要有资信保证，可以吸收个人经纪人进来，没有各种人参加，交易不热闹，没气氛。第三，期货结算也是个关键。光有交易所结算部不够，也可以委托银行搞，没有银行参加，资信程度不会高，可以搞股份制办法。第四，期货交易品种。先从几个品种开始，由少到多，先搞进口小麦、大豆、玉米、优质大米等若干品种。期货合约设计要搞好，要便利交割和交易。第五，加强期货市场的领导和宏观调控管理。由上海市政府和商业部建立交易所管理委员会和监督委员会，加强对交易所、会员及经纪公司交易活动的管理、监督，使期货交易活而不乱、活而有序。

为保证期货交易有序不乱，要草拟一些法规，由上海市政府批准试行，规章主要写期货，要按期货机制设计。第六，由上海市政府、商业部、国家体改委三个单位向国务院写个报告，题目为《关于在上海粮油商品交易所试办期货交易的报告》，在原来稿子的基础上进行修改。

这次会议非常重要，白美清副部长最后肯定了上海粮交所从期货交易起步的方案，并对几个关键问题作了明确，奠定了上海粮交所筹备开业的重要基础。

六、国务院批准前，可先试营业

1993 年 1 月 6 日，商业部、国家经济体制改革委员会和上海市人民政府联合向国务院上报了《关于开办上海粮油商品交易所、试办期货交易的请示》，该请示报告由白美清副部长代表商业部、高尚全副主任代表国家体改委、庄晓天副市长代表上海市政府签发。请示初稿由我和汤克均及金炎三位同志起草，中国粮食贸易公司总经理唐新元、市场处张永生等作了重要修改。请示提出，在上海浦东开办上海粮交所、试办期货交易，是贯彻中央关于开发开放浦东战略的需要，这对充分利用上海的综合优势，带动长江三角洲和整个长江流域地区经济发展，把上海尽快建成国际经济、金融和贸易中心，推进国内市场与国际市场接轨将发挥重要作用。请示还提出，上海粮交所试办期货交易，先从交易量大又适合开展期货交易的少数粮油商品入手，在积累经验、不断完善的基础上，逐步扩大到其他农产品的上市品种。尽快把上海粮交所建设成为既符合国际惯例又有中国特色的商品期货市场，力争在 20 世纪末使之成为远东的期货交易中心。

该请示后面还附报了上海粮交所管理委员会组成人员名单。主任：庄晓天（上海市副市长）。副主任：白美清（商业部副部长）、高尚全

（国家体改委副主任）。委员有许宗仁（国家粮食储备局副局长）、孟建柱（上海市政府副秘书长）、沈思明（上海市政府财贸办副主任）、唐新元（中国粮食贸易公司总经理）、杜岩（国家体改委流通司司长）、陈士家（上海市粮食局局长）等。

1993 年政府换届后，商业部并入新设的国内贸易部，上海粮交所管理委员会成员作了调整，调整后主任为孟建柱（上海市副市长）、白美清（国内贸易部副部长兼国家粮食储备局局长）；监督委员会主任为沈思明（上海市政府财贸办副主任），副主任为范小静（国家粮食储备局体改法规司处长）。

商业部、国家体改委和上海市政府请示报国务院不久，政府换届，国务院一直没有批复。国内贸易部和上海市政府及交易所一直在等待国务院批复后开业。1993 年 5 月 3 日，上海市副市长孟建柱视察上海粮交所。当我们汇报到，上海粮交所万事俱备，只等国务院批复时，孟建柱同志要求我们尽快向国内贸易部汇报，争取立即开业，抓住市场发展机遇。

1993 年 6 月 3 日，国内贸易部部长张皓若到上海视察，听取上海粮食工作汇报。上海市粮食局局长陈士家和我一起向张皓若部长汇报了上海粮交所筹备工作情况。我汇报说："上海粮交所筹备工作全部就绪，现只等商业部、国家体改委和上海市政府联合给国务院的请示批下来就可开业。请内贸部再帮助协调，争取尽早批下来。"张皓若部长当即表态："不要等了，在国务院批准前，可先试营业。正式开业放在国务院批准后。"其实当时国务院对审批期货市场是非常慎重的，而且当时政府部门和理论界对期货市场看法并不一致。如果继续等待批复，很可能就错失了市场发展的时机。张皓若部长的果断表态，使我们一下子解决了等待交易所开业问题。

　　为此，1993 年 6 月 14 日，上海市粮食局局长陈士家和我专程到北京，向白美清副部长汇报上海粮交所准备开业工作。参加这次汇报会的有内贸部各部门的领导——许宗仁、赵祖德、文绍星、范文明、赵凌云、张庶平、刘晓雨以及国家体改委杜岩等同志。

　　听取汇报后，白美清副部长说，上海粮交所在上海市政府、内贸部（商业部）、国家体改委支持下，进行了很好的筹备，现在已具备开业条件，我同意张皓若部长的意见，赞成先试运转。正式开业时间等国务院批文下达后，由内贸部与上海市政府商定。第一，上海粮交所要成为坚持规范化、标准化、高起点、严管理、有特点的交易所。交易所的各种设计要向规范化靠拢，起到发现价格、转移风险的作用，促进生产指导消费。起点要高，从期货起步。要强调管理，规章要严格执行。要强调有粮油的特点，粮交所既要有一般交易所的共性，又要有自己的特性，把这个交易所办好。第二，要逐步完善，不断总结向期货市场高级阶段发展。要避免两种情况：既要避免市场混乱，又要避免市场冷清。为了完善市场，向高级阶段发展，要抓住一个重要因素，要引进一部分合法投机资本和投机者参加，特别是要有金融资本参加。还要抓住两个重要保证：一个是实物交割保证。鉴于中国期货市场初期，交割数量可能较大，交割库上海不要集中过多。另一个是结算保证。清算可采用多种形式，结算部形式是初级形式，要逐步向股份制结算公司过渡。第三，加强管理和组织领导。要着眼于效率，着眼于落实。理事会要能开展工作，先少而精，逐步充实。第四，要研究上海粮交所如何增强辐射力，要与其他市场联网，自然形成经济中心。第五，关键在人才。期货市场搞好取决于人才。交易所、期货公司要把人才培养好，通过实践培养，还要吸取国内外经验，密切关注其他交易所。商品交易所要由单一向综合发展，由商品市场向金融市场发展。

回上海后，陈士家局长和我立即把内贸部张皓若部长和白美清副部长的意见向孟建柱副市长作了汇报。孟建柱副市长表示赞同内贸部领导的意见，立即开业。

七、孟建柱敲响了国内期货市场真正启航的锣声

张皓若、白美清两位部长的果断决定，使直接从期货交易起步的上海粮交所拉开了国内期货市场的大幕。1993 年 6 月 30 日，国内贸易部和上海市政府联合组建的上海粮交所试营业。上海市政府副市长孟建柱出席试营业仪式，并为上海粮交所敲响了开市的第一记锣声。这一记锣声，标志着国内首家直接从期货交易起步的交易所启航了。瞬间，大型电子显示屏上和各交易席位上的电脑终端显示出上市品种和开盘价格。出席试营业仪式的有时任国家粮食储备局副局长许宗仁、上海市财贸办公室副主任沈思明、中国粮食贸易公司副总经理周颂哲、中国饲料公司总经理范文明、中国植物油公司总经理文绍星、上海市粮食局局长陈士家等。我主持了试营业仪式，在仪式上许宗仁、沈思明、文绍星、陈士家等领导作了讲话和致辞。第一批进场会员有 43 家，分别来自全国 14个省市。首批上市交易的期货标准合约有白小麦、红小麦、大豆、玉米、籼米、粳米、豆油、菜油八大品种。

1993 年 7 月 10 日，上海市政府黄菊市长签发第 39 号政府令，发布施行《上海粮油商品交易所管理暂行规定》。这是全国第一个由地方政府发布的期货交易管理规则，它为上海粮交所的有序运营奠定了基础，也为中国期货市场初创阶段的期货交易提供了管理示范。

上海粮交所开业，我担任总裁；王和生、陈融、马荣庆、劳光熊担任副总裁；汤克均担任总裁助理，后提任总经济师。1994 年 6 月 18 日，上海粮交所召开第二次会员大会，选举陈士家（上海市粮食局局长）

担任理事长，唐新元（中国粮食贸易公司总经理）和我担任副理事长，朱玉辰等担任理事。

八、中国领导人有决心把中国建成一个向市场经济发展的国家

上海粮交所期货交易的诞生，迅速引起了国内外的高度关注。1993年8月，上海粮交所实时交易信息与美国道琼斯/德励财经资讯有限公司和英国路透社资讯网络正式连通，通过两家公司的卫星系统向全球播发上海粮油期货市场的即时交易行情。同时，异地会员和客户的远端信息站也陆续在杭州、北京、南昌、厦门、成都、海口等十几个城市开通。1994年黄菊市长在元旦献词中，把上海粮油商品交易所同上海证券交易所、上海金属交易所列为1993年上海三大要素市场，称其为上海的改革开放和金融贸易中心建设发挥了重要作用。

1993年10月21日，美国农业部长迈克·埃斯彼访华，美国驻华使馆指名要求安排访问上海粮交所。这是当时克林顿政府首位访华的部长，而且当时美国政府和社会普遍缺乏对中国的了解。我向美国客人介绍了为什么要创办期货市场以及期货市场运营的情况，这位部长也提了许多有关期货市场和中国粮食政策的问题，我一一作了回答。原定迈克·埃斯彼部长参观访问时间为半小时，由于美国客人对中国这个新兴的期货市场和农产品市场价格的兴趣，结果双方交谈持续了一个半小时。他最后说："上海粮交所十分成功。这是中国政府的一个大胆试验，它清楚地说明了中国领导人有决心把中国建成一个向市场经济发展的国家。上海粮交所的建立也向世界发出了一个信号，中国在整个世界贸易体制中占有十分重要的位置。"

1993年12月30日，时任中共中央政治局委员、中共上海市委书记

吴邦国同志视察上海粮交所。我向吴邦国同志汇报了上海粮交所开业以来的运营情况。吴邦国同志听取汇报后步入交易大厅，观看屏幕上的行情，与交易员亲切交谈，并欣然为上海粮交所题词："培育期货市场，促进粮食经济发展"。在视察过程中，吴邦国同志说："上海粮交所初创很成功。上海期货市场已经走在全国前面，希望你们进一步借鉴国际经验，敢闯敢试。解放前上海是冒险家的乐园，但也培养了一种冒险精神，改革开放也要有敢冒风险的精神。政府部门（指市财贸办等）要支持期货市场，要支持改革，促进市场经济的发展。"

1996年12月30日，上海粮交所浦东新址落成，作为第一个搬迁浦东的交易所，为浦东金融机构聚集起了先导作用。对此，市政府高度重视。时任市领导徐匡迪、冯国勤、韩正、周禹鹏、周慕尧等出席上海粮交所的东迁仪式，并对上海粮交所落户浦东给予高度评价。

1998年8月，国务院决定将上海粮油商品交易所、上海金属交易所和上海商品交易所合并为上海期货交易所。

中国期货市场建设已走过了二十多年历程，上海粮交所作为初创阶段的一枝艳丽花朵，为中国期货市场的建设作出了有益的探索，今天让我们作为历史的片段把它记录下来。

20 世纪 90 年代粳米期货交易纪实

　　粳米期货合约是我国 20 世纪 90 年代期货交易的一个大宗品种。粳米期货合约于 1993 年 6 月 30 日在上海粮油商品交易所（以下简称上海粮交所）上市交易，由于种种原因，于 1994 年 10 月停止交易。它的存在时间虽短，但为改革开放初期中国期货市场的发展积累了宝贵经验，作出了制度贡献。同时，在粳米期货运行过程中也发生了一些风波，为期货市场的发展提供了借鉴。回顾粳米期货交易过程，对研究改革开放初期中国期货市场的历史，推进当今资本市场和期货市场的健康发展，是有积极意义的。

一、粳米期货上市背景

　　粳米期货是在 20 世纪 90 年代初期国内经济形势、粮食市场形势和粮食流通体制改革形势复杂的背景下上市的。

　　1. 粮食流通体制改革。20 世纪 80 年代后期，随着国内粮食流通体制的逐步放开，粮食生产波动频率增加。在粮食产量连续两年增长后，1990 年开始，一些产区出现较严重的农民卖粮难，粮食部门储粮难，产区和销区之间调销不畅的问题。市场粮价进入新的疲软周期，农民种粮效益低下，种粮积极性调动不起来，部分地区农民减少了种粮面积，导致 1993 年粮食供给再度出现趋紧状况。

　　1993 年是我国粮食流通体制改革走出关键一步的一年。这一年，在全国范围内取消了实行了 40 年的居民口粮定量供应和统销价格办法，同时全国大部分县市虽然保留了粮食定购任务，但放开了定购价格，到 1993 年底全国 98% 的县市放开粮食购销价格。为了加快向国家宏观调控下的市场调节体制过渡，1993 年秋季中共中央农村工作会议作出了对粮食定购实行"保量放价"的决定，即继续保留定购数量，但价格随行就市。随后的中共十四届三中全会也明确提出了"逐步全面放开粮食经营"的思路。

然而，正当整个粮食流通体制改革沿着这条思路进行时，1993 年 11 月，南方沿海省市出现粮价在短时间内大幅度上涨并波及全国的情况，仅一个多月，全国粮食价格上涨了 80% 左右，这一状况迅速改变了原来的改革思路。为了稳定粮食市场，国务院对粮食购销政策重新作了部署，原先确定的"保量放价"政策未能实行。1993 年 12 月 25 日，国务院召开紧急会议，平抑粮油价格，要求各国有粮食经营单位一律限价销售。此举对粮价暴涨起到了一定的遏制作用，但对已经放开的粮食销售政策，实际上采取了倒回的办法。原来建立粮食期货市场，是为粮食市场放开后作为市场体系组成部分而设计的，但此时这种市场体系的考虑，与粮食宏观调控改变后的思路产生矛盾。

2. 粳米期货品种上市前的争议。上海粮交所是当时商业部和国家体改委作为全国粮食市场体系中的重点市场规划的，在上海粮交所建设阶段，对大米是否列为交易品种，是有不同意见的。1992 年 7 月 30 日，上海市粮食局和上海粮交所派代表前往北京，参加由商业部组织的由各部委人员和专家参加的对上海粮交所设计方案论证会，并向商业部领导汇报上海粮交所期货交易筹备工作。会上对大米列为期货交易品种出现过争议：有些同志认为大米是关系国计民生的重要商品，作为期货交易品种太敏感，不倾向于将其引入期货交易；而另外一些同志认为，全国粮食销售开始放开，粮食收购除了定购外，议购比重越来越高，通过期货市场指导现货经营，给大米市场远期价格信号是十分需要的，因此倾向于把大米列入期货交易作为试验。由于存在两种意见，因此会上对于大米是否列为期货交易品种没做定论。

1992 年 10 月 27 日，商业部在北京再次约请商品期货咨询小组及商业部有关司局领导和专家，就上海粮交所试办期货交易举行论证会。经过反复讨论，会议确定：为了完善粮食市场体系，建立远期价格导向和套期保值机制，对期货交易品种明确先搞进口小麦、大豆、玉米和优质大米等若干品种。至此，粳米正式被列为期货交易品种。

3. 1993—1994 年的通货膨胀。1993—1994 年是改革开放以来的高通胀期，这次通胀是在当时国家提出抓住机遇、加快发展的背景下发生的。为了加快发展，人民银行大量发行基础货币，提高年贷款规模。

从货币投放量看，1992 年流通中的货币量比上年增加了 36.4%，1993 年增加了 35.3%，1994 年虽然增加 19.5%，但由于前两年的增长率都高于经济增长与物价上涨幅度之和，累积起来的影响滞后到 1994 年，最终导致零售物价和居民生活费用的上涨。

从投资规模看，全社会固定资产投资在 1990 年为 4451 亿元，1993 年猛增至 11829 亿元，1994 年达到 16000 亿元。固定资产投资的膨胀加剧了市场物资的紧张。

从市场价格看，1993 年国家为了进一步理顺价格，改变基础产品价格长期过低的格局，逐步建立价格形成的市场机制，先后放开了粮食、钢铁及部分统配煤炭的价格，调整提高了原木、水泥的出厂价格，并对部分原油价格实行了议价。这些改革措施一方面对增强经济活力发挥了积极作用，另一方面由于货币投放量增长过快、汇率并轨、货币贬值，加剧了总供给与总需求的不平衡，因此在不同程度推动社会商品价格上扬。1994 年全国商品零售物价指数涨幅高达 27.1%，居民消费品价格指数涨幅高达 24.1%。这些因素势必反映到新生的期货市场。

二、粳米期货合约及其交易制度设计的思路

上海粮交所作为国家规划中第一家从期货交易起步的交易所，在设计包括粳米在内的期货合约时，既考虑了宏观层面发挥期货作用的问题，也考虑了微观层面有利于套期保值和投资交易的问题，还考虑了从制度层面控制期货交易的风险问题。从整个粳米期货交易的过程看，这些设计思路、设计方法和制度体系，对市场运行是基本成功的，对市场管理也是基本有效的。

1. 品种选择理念。粮食期货市场是整个粮食市场体系的重要组成部分。在计划经济时期，粮食依靠计划购销和计划价格组织流通。随着粮食市场的放开，需要有一种新的体系和方式实现粮食流通，以通过市场配置粮食资源。因此，坚持对粮食大宗品种进行期货试验，通过期货市场，建立价格形成机制，提供远期价格信号，为粮食生产者和流通者提供转移价格风险的途径，是一种必然的选择。上海粮交所选择粳米作为期货交易品种，正是基于这种考虑。

2. 合约设计思考。上海粮交所在设计合约时，交易单位选择每张期货合约为 5 吨。这里主要考虑以下三点。

第一，当时国内粮食运输方式主要是火车和船运两种。火车每节车皮运量大都是 50 吨，少数有 60 吨。不论是 50 吨还是 60 吨，都是 5 吨的整倍数。这种合约的数量设计有利于实物交割，对船运也是如此。

第二，采用每张合约 5 吨设计，不同于有的交易所 10 吨设计和后

来的 20 吨设计，主要考虑将合约的面值数量定得小些，可以有利于农业生产单位进行套期保值。因为中国农村粮食生产基本上都是以家庭为单位的分散生产，合约数量大不利于套期保值交易。

第三，还考虑到小面值合约有利于期货投资。期货市场需要投资者通过投资交易为市场转移一部分价格风险，考虑到这部分人的风险承受能力和投资需要，因此合约采用了 5 吨数量的小面值设计。

3. 风险控制体系设计。上海粮交所交易制度设计中许多内容开创了国内期货交易制度的先河。

第一，设置结算保证金。规定起点为 50 万元，据此核定每日递增持仓限额。上海粮交所结算保证金相当于"开仓押金"，与当时其他交易所设置的"基础保证金"有本质不同，因为"基础保证金"与开仓规模是脱钩的。而结算保证金与交易规模联动并制约交易规模，成为事先控制风险的手段。

第二，对保证金采用现金每日结算制度。每日结算业务统一按一次净额交收原则办理。这是上海粮交所在保证金清算和控制风险方面的独特做法。在当时国内有些交易所采用"保函"的情况下，上海粮交所实行以"实有资金"结算，为控制风险、公平交易起到了示范作用。

第三，对会员持仓保证金实行按总持仓收取办法。实施这个办法一方面是考虑防止会员在交易过程中由于多空头寸变化可能带来的风险，另一方面是加强对会员收取的客户保证金的监管。尽管这个办法对控制期货交易风险起到积极作用，但当时实施这一做法颇有阻力，有些会员提出，国外许多期货结算公司和国内有些交易所实行按净头寸收取保证金，上海粮交所实施按总持仓收取保证金，增加了会员和客户的资金负担。对于这些看法，上海粮交所对会员做了大量工作，向大家说明，按总持仓收取保证金有利于控制风险，防止盲目的市场冲动。

第四，设置头寸限制制度。头寸限制是国际期货市场通用的防止垄断和过度投机的一种有效制度。当时，国内交易所实行这一制度的较少，原因是它与扩大交易规模相悖。上海粮交所为了防止市场风险、规范市场运行，毅然坚持在交易规则中实施这项制度。

第五，实行统一登记开户制度。从国内交易所登记制度看，一般实行交易所对会员行使管理权，会员在交易所开设账户；会员对客户行使管理权，客户在会员处开设账户。上海粮交所从加强风险管理角度，借鉴证券市场账户管理做法，由交易所管理会员账户，同时延伸到管理客户账户，并按客户账户性质进行分别编号。这一规定，为市场管理提供了有效监控风险的手段。

三、粳米期货交易的过程

1. 交易规模。粳米期货从 1993 年 6 月 30 日上市交易，到 1994 年 10 月末停止交易，共计 223 个交易日。累计交易量为 3578.16 万手，计 1.79 亿吨，交易金额达到 3714.11 亿元。平均日交易量 16.05 万手，最高日交易量 79.58 万手。最高空盘量 68 万手。粳米交易占全部粮食期货交易量的 80%。

2. 价格走势。前后 16 个月的粳米期货交易过程中，期货价格基本上经历了三个阶段。

第一阶段从 1993 年 6 月 30 日到 1994 年春节前，每吨粳米期货价格从 1200 元左右，逐步上升到 1600 元左右。其中 1993 年 11 ~ 12 月价格上涨较快。这一价格变化基本反映了同期南方沿海省市粮食供给偏紧和粮价暴涨的情况，预示了供求失衡导致粮价上升的征兆。

第二阶段从 1994 年春节后到 1994 年 6 月上旬，粳米期货价格基本在1600～1800元/吨区间波动，与现货市场价格情况相吻合。这一时期，国家组织了储备粮对市场抛售，使现货市场粮价出现相对回落趋稳状态。

第三阶段从1994年6月下旬到1994年10月末，由于受到南涝北旱等自然灾害的刺激和影响，加之国务院决定提高定购粮食价格，这些供求和市场因素在期货市场充分反映出来。于是从1994年6月下旬开始，期货价格从2000元/吨左右迅速上涨到2400元/吨左右。

3. 期货、现货价格比较。从1993年10月到1994年10月粳米期货经历了7次交割，在7次交割中，期货价格与现货价格基本保持了变化的一致性，每个交割月份期货价格与现货价格基本接近。从7个交割月份最后交易日的基差看，都比较小，最小的每吨10元，而且大多数基差显示正值，即期货价格低于现货价格。例如，1993年10月上海10个批发市场的粳米现货平均价格为每吨1340元，而当月交割的期货价格为每吨1250元；1994年1月现货平均价格为每吨1580元，期货价格为每吨1628元；5月现货平均价格为每吨1700元，期货价格为每吨1605元；10月现货平均价格为每吨2358元，期货价格为每吨2400元。从总体看，粳米期货的期现价格收敛程度是正常的。

4. 粳米期货停止交易。在粳米期货交易的后期，发生了"七月风波"和"九月风波"。两次"风波"产生的原因是粮食市场大米供给紧张，引起价格过快上涨，而市场多空双方对粮价看法不同，形成多空对峙，个别做亏的会员和客户到处写信告状，造成市场不稳定状况，引发政府部门出面调查和干预。加上同期金属期货、红小豆期货和三合板期货等品种都出现一系列交易风波，最终导致包括粳米在内的一系列期货品种停止交易。

四、市场对粳米期货上市的评价

粳米期货交易停止后，上海粮交所出面召开过两次重要的总结会议。一次是 1994 年 10 月 28 日在北京召开的期货恳谈会，出席这次会议的有国家计委市场司、中国证监会期货部、国务院发展研究中心农村部、内贸部市场建设司、国家体改委流通司和内贸部所属公司及有关期货专家。另一次是 1995 年 7 月 25 日，在上海粮交所召开会员座谈会，出席这次会议的有上海粮交所的部分会员单位负责人。两次会议均对于粮食期货在国民经济中发挥的积极作用给予了充分的肯定。

1. 粳米期货发挥了发现价格的作用。1994 年初，粳米的现货价格为 1480 元/吨，此后一路上扬，到 10 月底为 2380 元/吨，粳米期货交易停止以后，现货价格仍在上涨，到 12 月底为 2900 元/吨。上海粮交所的粳米期货交易成功地对这一上涨趋势提前作出了反映，给出了价格信号。以期货合约中最具代表性的品种 R410 和 R412 的结算价为例：从年初的 1970 元/吨和 1850 元/吨分别上升到 10 月的 2358 元/吨和 2541 元/吨。期货价格与现货价格保持了同步变化。

上海粮交所的不少会员利用粳米期货交易价格指导生产与经营。如湖南省常德市粮食公司根据上海粮交所粳米远期价格指导农民生产，取得较好的经济效益。1994 年 2 月，常德地区稻谷现货价格为 880 元/吨，折米价为 1310 元/吨，如果按照这个价格种粮，农民要亏本，没有种粮积极性。当时上海粮交所粳米期货合约 R410 价格为 2150 元/吨，折谷价格为 1440 元/吨。按照这样的价格，农民生产稻谷有利润。常德市粮食部门以此指导农民种粮。到 1994 年 8～9 月收获时节，常德地区平均稻谷销价为 1360 元/吨，折合米价为 2030 元/吨，仅谭家岗村农民就增收 84 万元，人均增收 380 元。农产品期货价格信号，对促进生产和流通、合理配置资源起到了积极作用。

2. 大米期货提供了套期保值的工具。上海粮交所推出期货合约，为粮食生产和经营企业开展套期保值提供了可能性。当时交易所开户中登记做套期保值的客户占20%，包括粮食生产企业、贸易企业、仓储和加工企业，他们通过期货远期价格进行套期保值交易。例如浙江诸暨粮食部门在1993年底至1994年初，看到上海粮交所期货大米价格看涨，及时调整经营安排，以1000元/吨价格购入的现货籼米合同，在期货市场以远期1150元/吨的价格卖出籼米期货，实现了套期保值，规避了价格风险。

粳米期货交易及其停止问题已成为历史，认真研究这段历史，对于现阶段发展我国资本市场和商品市场，特别是迎接人民币国际化后的对外进一步开放，是有极其重要意义的。随着中国资本市场的开放，不断会有新的问题产生，需要我们去解决。对市场出现的问题，要善于尽可能在法律和规章制度范围内，用现有制度解决，这既是法制社会的需要，也是一个成熟市场必须遵循的原则。

20 世纪 90 年代粳米期货交易
两次风波回顾

　　粳米期货合约是我国 20 世纪 90 年代期货交易的一个大宗品种。粳米期货合约于 1993 年 6 月 30 日在上海粮油商品交易所（以下简称上海粮交所）上市交易，由于种种原因，于 1994 年 10 月停止交易。《20 世纪 90 年代粳米期货交易纪实》一文详细介绍了粳米期货上市背景、合约和交易制度设计思路、交易情况及市场评价。本文旨在回顾粳米期货交易过程中发生的市场风波，以期为期货市场的发展提供一些经验和教训。

　　在粳米期货交易过程中，由于做亏者向政府部门写信告状，国务院有关部委两次派调查组到上海粮交所进行调查处理。当时市场上有称两次调查事件为"风波"，为了叙述方便，本文仍借用"风波"一词，对两次调查进行回顾分析。

　　在粳米期货交易后期，即 1994 年第三季度，发生了"七月风波"和"九月风波"。两次"风波"产生的原因是当时粮食市场大米供给紧张，引起价格过快上涨，而市场多空双方对粮价看法又不同，形成多空对峙，个别做亏的会员和客户到处写信告状，造成市场的不稳定状况，于是引发政府部门出面调查和干预。加上同期金属期货、红小豆期货和三合板期货等都出现一系列交易风波，最终导致包括粳米在内的一系列期货品种停止交易。

一、"七月风波"始末

(一)"七月风波"发生的原因

1994年6月以后,由于受到国家提高粮食定购价格和南涝北旱等自然灾害的影响,现货市场粮价快速上涨,并反映到期货市场。随着粳米期货价格上涨,交易量不断扩大,空盘量增加,多空双方持仓趋于相对集中,出现对峙。在价格持续上涨过程中,空头持仓亏损增大,部分空头客户采取向政府部门写信告状的方法,希望通过政府行政干预来摆脱做空的亏损状况,于是发生了"七月风波"。

鉴于1993年第四季度以来,全国粮食供应紧张、价格快速上涨的情况,为加强粮食市场宏观调控,1994年5月国务院发布了《关于深化粮食购销体制改革的通知》,对粮食流通的各项政策作了规定:(1)确保国家掌握必要的粮源。粮食部门必须收购社会商品粮的70%~80%,国家定购计划确定为500亿公斤,价格由国家确定;同时下达400亿公斤议购任务,由各省市、自治区按照价格随行就市原则收购。(2)加强粮食市场管理。销区粮食批发企业必须到产区县以上粮食批发市场采购,不得直接到产区农村向农民收购粮食。(3)实行粮食挂牌销售和市场抛售。国家决定对省会城市和灾区实行粮食挂牌销售,挂牌销售的价格由国务院确定作价原则和办法,由各省市政府核定具体价格。动用地方和国家储备粮,通过批发市场抛售平抑市场。(4)提高国家定购价格,将小麦、稻谷、玉米、大豆四种粮食定购价格平均提高44%,其他粮食收购价格和议购价格随行就市。(5)掌握批发,放活零售,粮食经营实行政策性业务和商业性经营两条线运行机制,深化粮食企业改革。国务院发布通知的同时,国务院领导同志在讲话中提出:必须有一个合理的粮食价格,按照既能够调动农民种粮积极性,缩小工农产品剪刀差，城镇居民又能承受的原则，合理确定。

在贯彻国务院通知精神过程中，一方面一些地方政府和粮食企业把国务院通知精神理解为粮食涨价，于是粮价纷纷上涨；另一方面由于粮食供应紧张，部分省市采取控制粮食出省的做法，加剧了市场粮价的攀升。现货市场的这一状况，也刺激了期货价格的上涨。

为了配合国务院关于粮食购销政策的顺利出台，防止期货市场影响粮食改革政策的实施，国内贸易部（以下简称内贸部）和国家粮食储备局于 1994 年 6 月 4 日召集各相关农产品交易所到北京参加座谈会，会上内贸部领导同志对期货交易所提出以下要求：（1）要充分认识和研究中国粮食期货市场的特点和作用。期货市场建设的宗旨是通过发现价格和回避风险等功能的发挥，来促进生产、引导消费、平衡供需、稳定市场，要清醒地认识到期货市场是为生产、消费服务的市场，不是为投机者开设的乐园，因此要抑制投机的消极和破坏作用。（2）粮食期货市场要服从、服务于国家宏观调控和市场稳定的全局。交易所要采取一些必要的措施，加强市场管理，尤其是要把价格管住，要加强经纪公司和客户管理，特别要防止投机大户的消极影响。在紧急情况下要采取紧急措施，必要时停市也在所不惜。（3）要积极搞好现货市场的批发交易，期货与现货市场并举是中国特色的一个路子。（4）交易所自身的改革和建设，要坚持以服务为宗旨，交易所人员绝对不能参与交易，这是一条铁的纪律。

根据内贸部这次会议精神，上海粮交所为配合国家粮食购销体制改革政策出台，于 1994 年 6 月 6 日开始陆续出台几项稳定市场、防止价格暴涨的措施，包括缩小涨跌停板额、提高保证金及限制持仓头寸等措施。采取这些措施后，粳米期货价格开始回落，到 6 月 10 日，10 月份交割的 R410 粳米合约结算价为 1970 元/吨。然而 6 月中旬开始，全国南涝北旱灾情在新闻媒体上连续被报道，特别是稻米产区粤、桂、赣、湘、闽的水灾。到6月下旬水灾持续严重，这又一次刺激了粳米期货价格上涨。受此影响，上海粮交所粳米交易量出现扩大，空盘量相应增加。6月底，10月份交割的R410合约空盘量达到26.7万手，12月份交割的R412合约空盘量达到23.4万手。从持仓分布情况看，多空持仓比较集中，空头大户会员R410合约持仓占合约空盘量的59.4%，R412合约占空盘量的62.2%。多头大户会员R410合约持仓占合约空盘量的65.9%，R412合约占空盘量的48.5%。

针对粳米期货价格上升、空盘量增加和多空出现对峙的情况，上海粮交所于6月30日将有关交易持仓情况和拟采取的控制大户交易规模及限制价格涨跌幅度的措施向内贸部和中国证监会作了汇报。同时召集持仓规模较大的会员做疏导工作。当时，多头会员普遍认为，国家提高定购粮食价格，调动农民种粮积极性，市场粮价一定会涨，同时他们也表示，虽然市场价格看涨，但为了保持市场平稳，愿意配合国家宏观调控，不再追买，逐步平仓。一些空头会员则表示，由于亏损较大，与心理目标价位差距较大，不愿平仓，他们认为国家在组织储备粮抛售，平抑市场，粮价一定会下跌，表示还要等待国家宏观调控，打压粮价。

在这段时间，由于市场粮价不断上涨，某空头主力会员感到价格下跌无望，于是一方面给国务院领导同志写信，反映所谓期货价格炒高、拉动市场粮价上涨问题，要求国家粮食储备局到上海粮交所抛售大米；另一方面通过新华社记者，在新华社国内动态上登了一篇内参材料，报送给国务院领导同志。该内参材料中用了比较刺激眼球的标题——"大批股民、投机商涌入上海粮油交易所，大米期货价格上涨影响现货市场"。同时内参材料中写道："据上海粮油商品交易所提供的《粮油期货交易行情日报》，6 月 21 日，今年 12 月份到期的粳米期货价格，已由数月前的 2030 元/吨涨到 2241 元/吨。有关专家分析，在短期内极有可能冲破 2300 元/吨大关。前不久召开的全国粮食工作会议，要求各地大米限价销售，零售不能超过 0.97 元/斤，批发不能超过 0.90 元/斤，即要求大米批发价格不超过 1800 元/吨。但目前期货价格超过国家限定的批发最高价的 25% 以上，使期货价格与现货价格严重扭曲。"

该内参材料中还写道："产生上述现象的主要原因是大批股民、投机商涌入上海粮油交易所，投机资金超过 10 亿元人民币。他们认为，当前南方数省因水灾严重，粮食势必紧俏价高，于是倾注巨资大量买进，致使大米期货价格节节上升……一些专家认为，期货价格往往要拉动现货价格。期货价格居高不下，最终会导致现货价格高升，使国家限价售粮的计划难以实现。据了解，由于受上海粮油交易所大米价格上涨的影响，广州、大连、郑州等地粮食交易所的价格已露出被拉动上升的端倪。"

这篇内参材料，有几点是失实的。（1）"期货价格往往要拉动现货价格"。而事实是在现货市场粮价普遍上涨的情况下，相关信息反映到期货价格上，即现货市场价格上涨在先，期货价格跟随在后。（2）"大批股民、投机商涌入上海粮油交易所"。事实上，当时多头主力都是粮食企业而非投机者，他们比较了解市场行情及粮食供求形势。（3）"目前期货价格超过国家限定的批发最高价的 25% 以上，使期货价格与现货价格严重扭曲"。实际上期货价格是市场价格，而限价销售价格是含有政府补贴的政策性价格，两者不是一回事。

国务院领导同志看到内参材料后，于 6 月 25 日在上面作了批示，要求中国证监会、国家计委、内贸部和国家粮食储备局采取措施，随即,四部委局组成小组到上海进行调查。

(二)"七月风波"处理结果

根据国务院领导同志的批示精神,7月7日,中国证监会、国家计委、内贸部和国家粮食储备局组成联合调查组,由中国证监会期货部负责同志带队到上海粮交所,就粳米期货交易的有关问题进行调查。调查组听取了上海粮交所的汇报,与会员单位进行了多次座谈,形成了初步的调查情况和处理措施。7月12日,调查组、上海市计委和上海粮交所向上海市政府领导作了汇报。市政府领导听了汇报后表示,对交易所可采取措施,规范市场,但不能关,否则要付出更大的代价。总体上讲市场在发育阶段,要保护交易所,希望采取措施后,既能保持一定的活力,又能使市场平稳下来。7月13日,在调查基础上,上海粮交所召开会员负责人会议,由上海市财贸办负责同志宣布《关于解决上海粮油商品交易所粳米期货交易有关问题的措施》(以下简称《措施》)。

《措施》中提到:"近一个时期,上海粮交所10月份和12月份粳米期货价格走势进入高价位区,已引起国家和有关部门的密切关注。解决这个问题,应把握以下两个原则:第一,粮食是关系国计民生的重要商品,粮食期货市场的试点必须服从国家宏观调控的大局,决不能因期货市场的问题影响粮食市场的稳定,从而影响国家宏观调控政策的落实。第二,不能因为这个问题影响期货市场试点的健康发展。据此提出如下五条措施:第一,10月、12月粳米期货合约多头或空头持仓分别在3万手以上的会员,将现有持仓量减少三分之一。由交易所组织有关会员按协商的价格范围协议平仓。第二,上述会员减少持仓量后,不得再增加该部位的持仓量。其他会员10月、12月粳米合约多头和空头持仓量分别不得超过1.5万手。从即日起,新进入交易所的客户,暂不得进行 10 月、12 月粳米的期货交易。第三，上海粮交所要降低 12 月份粳米合约用陈米替代的升贴水标准，贴水率由 15% 降为 11%。第四，上海粮交所要进一步加强会员和经纪公司的管理。第五，期货市场的试点是在国家严格监控下进行的，当期货市场出现严重问题时，政府有责任采取各项强制措施进行干预，以保证国家各项宏观调控政策的落实和市场的稳定。"

当时调查组提出的五条措施是基于粳米期货价格进入高价位区，存在市场风险这一看法采取的。调查组认为粳米空盘量过大，持仓相对集中，在价格波动时易造成风险，于是对持仓多的会员实施协议平仓，并缩小涨跌停板，限制开新仓等。在调查组确定解决粳米期货交易多空对峙五条措施后，上海粮交所在广泛听取意见的基础上，最后决定采用当年 6 月与 7 月的加权平均价作为协议平仓价，R410 为 2009 元/吨，R412 为 2223 元/吨，以平衡多空的盈亏。1994 年 7 月 14 日，实施协议平仓，当天 R410 在 2009 元/吨的协议价格水平平仓 2.75 万手，R412 在 2223 元/吨的协议价格水平平仓 2.97 万手。到 7 月 28 日，R410 合约空盘量减至 15.81 万手，R412 合约空盘量减至 17.39 万手，所有应在两周内减少原有持仓三分之一的会员，如期完成减仓数额。粳米期货交易中多空对峙的情况缓解。至此，"七月风波"暂告结束。

"七月风波"的起因是个别会员做亏后写信告状，从而引起政府部门对市场的干预。应该说当时国务院各部门组成的调查组对市场多空对峙原因的分析判断是客观的，采取的措施总体上是平稳的，化解风波也收到了一定的成效。但由于市场价格上涨的根本原因是粮食供应紧张，政府制定的定购粮食价格不能有效反映粮食生产的实际成本，因此粮食价格上涨的动因并没有消除。

二、"九月风波"始末

（一）"九月风波"产生的缘由

"七月风波"以后，粮食现货市场价格仍在继续上涨。为了防止期货市场再度出现多空对峙状况，同年 7 月 26 日，上海粮交所对粳米期货合约的会员持仓限额作了进一步规定：一是 R410 合约持仓数在 1.5 万手以上的，必须逐步缩小，到 9 月末，所有会员持仓数额均不得突破 1.5 万手；二是对 R412 合约持仓限额为 3 万手，持仓额在 3 万手以上的，必须逐步减少，到 11 月 29 日收盘时，所有会员持仓量均不得突破 1.5 万手；三是其他月份粳米合约的持仓额均不超过 5 万手。

8 月上旬以后，受南涝北旱灾情加剧的影响，各地为保障零售市场限价挂牌供应粮食的粮源，纷纷控制粮食出省，特别是产粮大省江苏、辽宁和安徽等省政府发出控制粮食出省通知后，现货市场粮价再度飙升。现货市场供应紧张和价格上涨影响快速传递到期货市场，期货价格再度跟随上升。8 月 25～30 日，上海粮交所连续四个交易日出现价格涨停板。空盘量再度增加，8 月 25 日空盘量达 43.7 万手，8 月 30 日空盘量略有下降，但仍达 40.5 万手，其中 R410 空盘量为 10 万手，R412 空盘量为 13.3 万手，空头持仓较集中，每天浮动亏损达几千万元，市场面临风险上升。

8 月 30 日上午，部分空头会员单位打电话到上海粮交所，反映粮价上涨，空头亏损严重，部分客户爆仓，平仓也平不掉。希望交易所从控制整个市场风险角度，帮助协调多头，大家能够协议平掉一些仓位。

针对市场上出现的新情况，为了防止期货价格继续上涨和风险扩大，保护交易双方的利益，保障市场的安全运作，8 月 30 日下午和 8 月 31 日上午，上海粮交所召集会议研究市场情况及防止风险措施，上海市计委、市财贸办、市粮食局等部门有关负责同志参加。当时拟订了三个减仓方案：方案一是，从 9 月 1 日起，会员每天减少持仓 5%，直至 9 月 16 日，未按规定减仓的，由交易所实行强制平仓；方案二是，一次性对会员 R410 和 R412 合约持仓各减 40%~50%；方案三是，实行交易最高限价同时采取减仓措施。经过反复研究，确定了减少风险方案：一是 9 月 1 日停市一天，与会员研究落实减仓措施；二是从 9 月 1 日起，粳米期货合约的价格每日最大波动限制临时调整为不高于或低于上一交易日结算价 10 元/吨；三是 9 月 2 日对会员 R410 和 R412 合约实施减少持仓 40%。

研究过程中，各方对交易所是否实行最高限价意见不一，市粮食局比较主张限价，而上海粮交所认为实行限价缺乏法规依据，因此，在方案中没有列入限价的内容。

8 月 31 日下午，上海粮交所将形成的方案分别向中国证监会期货部、内贸部法规司、上海市计委和市财贸办作了汇报并征询意见。当天下午，中国证监会期货部明确答复："尊重你们的意见，按一次性减仓方案先做，限价等暂不要出台。"上海市计委和市财贸办同意方案。在向内贸部法规司汇报时，他们稍有异议，要求考虑实行最高限价措施。

8 月 31 日傍晚，上海粮交所召开理事单位会议，征询对一次性减仓方案的意见，理事单位原则上同意减仓方案。

在听取理事单位和部分会员单位意见的基础上，上海粮交所于 8 月 31 日傍晚发出了 1994 年第 28 号公告，将粳米的最大价格波幅限制缩小为 10 元/吨；制定了对 R410 和 R412 合约减仓措施（沪粮交所交〔1994〕330 号通知），并宣布 9 月 1 日停市一天，召开会员大会进行布置落实。上海粮交所 330 号通知要点包括：第一，每一会员粳米 R410 合约的持仓限额，从 9 月 2 日起须在 8 月 30 日持仓数量基础上减少

40%，以后逐周按比例递减，到9月30日收市减至5%，其间每一交易日R410合约持仓数量不得增加。第二，每一会员粳米R412合约的持仓限额，从9月2日起须在8月30日持仓数量基础上减少40%，以后逐周按比例递减，到9月30日收市减至20%，其间每一交易日R412合约持仓数量不得增加。

按比例减仓措施得到大多数会员和客户的理解和支持。于是9月2日，按理事会商定的价格，R410以2312元/吨，R412以2411元/吨实施了减仓。该日空盘量大幅度下降，R410空盘量从10万手下降到3.4万手，R412空盘量从13.3万手下降到5.1万手，分别减少了65%和61%。市场风险得到了较大缓解，除了浙江部分空头客户外，市场多空双方反应平稳。

正当市场趋于稳定时，9月4日（星期日），国家计委价格管理部门根据国务院领导和国家计委领导在中央信访局来信摘要上的批示精神，派调查组来上海粮交所，调查"信息误导、粮价上涨"问题。

这次调查的起因是：上海粮交所信息部编印的一份内部发行《粮油期货》周刊，1994年7月23日第28期刊登一篇《一周综述》里面有一句"上周的利空消息已初步消化"。7月30日第29期《粮油期货》的《一周综述》中有"看粳米花谢花会开，叹大豆春来春又去"的话语。8月6日第30期上有一篇《晴天间多云，粳米涨势依旧》的分析文章。一个自称为武汉市的客户给国务院领导写信，说上海粮交所"利用舆论宣传工具，进行错误的引导"，"公开煽动粮价要大涨"，对客户和投资者进行信息误导。国务院领导同志在该信摘要上批示，要核实情况后，对上海粮交所采取措施，并请上海市政府加强监管，国家计委领导也作了批示。

调查组9月4日到达上海。当天下午，上海市计委、市财贸办有关负责同志与调查组成员见面，了解调查组来意后，约傍晚 5：00 赶到上海粮交所，与上海粮交所领导开会，布置接待调查组工作。市计委负责同志介绍调查组来沪情况后提出：根据调查组意见，一是要求上海粮交所实行限价；二是要根据领导批示，调查上海粮交所误导粮价上涨问题。同时具体讲了五点意见：一是周一（9 月 5 日）、周二（9 月 6 日），大米品种休市，休市以贯彻国务院五部委局 9 月 2 日"关于贯彻落实国务院制止通货膨胀、稳定粮油市场价格"电话会议精神作为依据；二是休市后粮交所要对粳米交易进行限价，最高限价以 9 月 2 日结算价处理；三是建议对大豆涨跌停板幅度限制也缩小，以防出事；四是考虑《粮油期货》信息刊物是否不发；五是要准备汇报 7 月份调查组离开后的价格走势。

市计委负责同志讲完后，大家进行了议论。上海粮交所提出，交易所不适合发限价通知，因为交易所是发现价格的场所，而且限价缺乏法规依据。最后，市计委负责同志说，通知还是由交易所发，提法为：按市物价局通知，为贯彻五部委局 9 月 2 日电话会议精神，对粳米期货价格从 9 月 5 日起按 9 月 2 日结算价格限价。

会议进行至深夜，散会后，根据市计委安排，上海粮交所连夜起草印刷限价公告。9 月 5 日一早，第 30 号公告发至各会员单位。第 30 号公告称："根据上海市物价局通知，为贯彻一九九四年九月二日国家计委、国家经贸委、国家工商局、国内贸易部和国家粮食储备局联合召开的'稳定粮油市场'电话会议，关于'对多渠道、城乡集贸市场、批发市场和粮油交易所的粮价要进行严格管理'的精神，决定：自一九九四年九月五日起，本所粳米期货合约的交易价格暂不得超过一九九四年九月二日的结算价。"

限价公告发出后，会员和客户反应强烈，情绪激动，并发生了冲击交易所的情况。多方认为，价格封顶的做法违背了市场的基本法则，违反了交易所的规章和规则，扭曲了期货市场发现价格、规避风险的功能，损害客户利益，有失公正。空方对价格封顶措施也表示不满，认为既然要封顶，为什么9月2日要他们大幅度减仓，而且是在封顶价减仓，使他们吃了大亏。本来，市场多空对峙局面已经缓解，调查组要求采取的限价措施又引发了市场的巨大风波。

（二）"九月风波"的过程和结局

9月5日上午，在限价公告引发风波的同时，调查组到上海粮交所调查，上海市计委、市财贸办、市粮食局等部门有关负责同志参加了调查会。

会上，上海粮交所进行了汇报：第一，上海粮交所没有所谓"信息误导""煽动粮价上涨"的问题，这些行情分析文章都是市场人士写的，交易所信息部门只是做了一点编辑工作，而且仅仅是对一周交易情况的描述。字里行间也没有煽动粮价要大涨的意思。第二，当前粮食价格上涨过快，主要原因是国家决定对小麦、稻谷、玉米和大豆四种粮食定购价提高44%；市场粮食供应偏紧，产粮大省江苏、辽宁、安徽等地政府都已发控制粮食出省通知，致使现货市场粮价飙升；新闻中报道最近多地发生自然灾害，南涝北旱，刺激粮价上涨。现货市场这些信息对期货市场影响非常大，市场对未来价格普遍看涨。随后，上海粮交所对7月15日以后期货与现货价格情况及交易所采取的措施作了汇报。

调查组某负责同志听取汇报后说："价格上涨原因，无非这几方面。作为交易所，与现货市场还有一个互为因果关系。8月19日，北戴河会议后，有个反通货膨胀文件，这段时间包括中央在内，是重点工作。上海方面没有采取有效措施，现在限价是没有办法的办法。期货倒来倒去，是否是我们要搞的社会主义市场经济？都是国营企业，倒来倒去，哄抬价格。这样折腾，给整个国家经济影响太大。在我看来，现货与期货价格是互为因果抬上去的。粮食缺口没这么大，国家还要进口。现在是一价带百价，粮价已影响到其他价格。出问题，要找市政府和交易所，在座各位要高度重视。"

在场的上海市财贸办负责同志听了调查组某负责同志的话，发表了意见，他说："当前粮食形势比较复杂，下半年中央把控制通货膨胀作为重要任务，重点是米袋子和菜篮子。对当前市场怎么看说法很多，有人说一价带百价，也有人说百价推动粮价，我看是总量平衡上有问题。至于上海粮交所存在哪些问题，导向是否存在？是否这几句话就引起粮价上涨？要分析，不能简单下结论。"

当天会议结束时，调查组某负责同志又说："原因要分析，半个多月，炒上去 300 多个点要分析。分析后要釜底抽薪，商量一下，需要国家计委和市政府采取什么措施？"

9 月 6 日上午，调查组再次来到上海粮交所。调查组某负责同志要求说："上海粮交所，上面价格封顶了，下面要把跌幅扩大，主要是要把价格下降，把反通胀斗争进行下去。建议你们放开跌停板。"

9 月 6 日下午，上海粮交所根据调查组该负责同志的要求，研究涨跌停板扩大问题。市计委和市财贸办有关负责同志也参加了会议。上海粮交所初步意见是：不能同意调查组把跌停板放开的意见。可考虑：一是把价格涨跌停板放到 20 元或 35 元；二是对 R410 和 R412 加大持仓限制；三是将粳米期货合约保证金比例提到 10%。

会议期间，市财贸办市场处负责同志接到调查组某负责同志电话，该负责同志在电话里要求：跌停板要放，最少要放 70 元。

会议进行到深夜，讨论焦点围绕是否要将跌停板放到 70 元。最后，上海粮交所的意见是：第一，调查组某负责同志提出上面封顶，下面放

70 元不可行，市场要大乱的，会造成新的不安定；第二，为防止价格大起大落，涨跌停板波动幅度放到 20 元。

9 月 7 日上午，调查组成员再次到上海粮交所开会，研究对市场采取措施问题，市计委和市财贸办有关负责同志也参加了会议，会议由调查组某负责同志主持。会议开场，调查组某负责同志坚持要把跌停板放开。会上市计委和市财贸办有关负责同志认为，为防止价格大起大落，从保持稳定出发，倾向于按上海粮交所提出的涨跌停板幅度放到 20 元，不赞成跌停板放到 70 元。

会上调查组其他成员也发表了意见，认为对市场采取什么措施，最好由上海粮交所根据国务院有关精神作出处理。调查组只是根据领导批示，把粮价上涨的原因和责任调查清楚，如何处理应由上海市政府和交易所决定。由于会上意见不一致，因此跌停板放到 70 元没有通过。

9 月 8 日下午，调查组又一次与上海方面会谈，调查组成员和上海市计委、市财贸办、市粮食局及上海粮交所有关负责同志参加。经过讨论，双方有了结论：一是经过调查，上海粮交所信息误导问题不存在，粮交所没有引导价格上涨的行为，调查组回北京应如实汇报；二是涨跌停板幅度暂按 20 元执行；三是弱化粳米期货交易措施问题，调查组在回北京前与上海市政府有关方面再研究一次。

9 月 8 日，上海粮交所将调查组到上海后发生的情况向中国证监会紧急报送书面汇报，证监会将此情况向国务院领导作了汇报。国务院领导得知调查组在上海粮交所调查过程引发风波后，要国家计委领导电话通知撤回调查组。

9 月 9 日当晚，调查组成员回北京。为了迅速平息因限价公告引发的市场风波，9 月 10 日，上海粮交所召开理事会议，研究处理措施。根据会议一致意见，由上海粮交所向市政府汇报，取消价格封顶措施。

上海市政府有关部门立即研究后，决定同意上海粮交所意见，从 9 月 12 日起，取消对粳米期货的价格封顶，同时将每日价格波幅限制由 20 元/吨调整为 10 元/吨。9 月 13 日，价格封顶取消后，除少数空头客户仍有强烈反应外，市场总体趋于平稳。

"九月风波"给期货市场带来了严重的负面影响，成为导致粳米期货品种暂停交易的原因之一。

三、导致粳米期货交易最终停止的另一因素

由于一连串的期货交易风波，特别是一些客户做亏后到处写信告状，破坏了市场经济秩序的稳定，加之钢材金属期货交易事件、红小豆期货交易事件、三合板期货交易事件、白砂糖期货交易事件及粳米期货交易风波等，给国务院领导和社会带来了诸多对期货的负面印象。其实当时相当一部分领导并不认同期货交易，但因为期货是改革开放中涌现的新事物，所以也默认对其进行试验。然而，在出现了一系列风波后，关停期货已成了有关领导部门的必然选择。

涉及粳米期货停止交易，除了有它的必然因素之外，还有一起偶发事件。1994 年 8 月上旬，上海市某区粮食部门一位干部在进行粳米期货交易中做空，由于期货价格上涨，他的账户出现浮亏。于是，他以粮食局一位干部的名义向国务院领导写了一封信。国务院领导同志在信上作了尽快关闭粮油期货市场的批示。

这封信的作者作为一名粮食系统的干部，是了解粮价上涨原因的，但他在信中没有反映粮价上涨的真实原因，而是写了一些失实的情况，他把市场粮价上涨归结为期货炒上去的。他信中还误导性地建议对粳米期货价格用经济、行政手段干预，用强制措施限期降价到现货价以下，然后宣布取消期货交易。

由于市场粮价的持续高涨和少数期货做亏人员连续写信告状，1994年9月29日，国务院办公厅发出《国务院办公厅转发国务院证券委员会关于暂停粳米、菜籽油期货交易和进一步加强期货市场管理请示的通知》（以下简称《请示》）。国务院证券委员会在《请示》中称："近一个时期，粳米、菜籽油期货市场价格和现货市场价格均大幅度上涨，期货交易中出现了过度投机、少数会员所持合约量过大、买卖双方对峙的现象。粳米、菜籽油是关系国计民生的重要商品，期货价格的上涨客观上助长了人们的'涨价预期心理'，不利于国家稳定物价政策的实施。"《请示》提出："暂停粳米、菜籽油期货交易。从事粳米、菜籽油期货交易的交易所，从本文下发之日起停止粳米、菜籽油期货交易。"1994年10月22日，国务院办公厅通知见报后，上海粮交所根据通知精神，要求会员对尚余空盘量平稳平仓退出。

四、两次"风波"的分析和交易规则运用总结

（一）两次"风波"形成的主要原因

上海粮交所粳米期货交易发生的"七月风波"和"九月风波"，最初起因都是现货市场粳米供应紧张，引起现货价格快速上涨，同时刺激粳米期货价格上涨，从而出现期货多空持仓对峙，空头亏损。空头在亏损扩大、粮价下跌无望、市场风险陡增的情况下，四处向政府部门写信告状，造成市场不稳定的状况，引发政府部门出面进行调查和行政干预。这是改革开放初期期货市场出现的较为普遍的现象，其中写信告状的情况，基本上都是期货亏家所为，而且写信内容大多数言辞激烈、危言失实，给期货市场稳定和健康发展造成损害。

（二）两次调查组的处理结果和市场反应

1994年7月四部委调查组在上海粮交所的调查较为客观务实，听

取交易所汇报并召开会员座谈会过程中的方法也较细致，调查结论相对客观，处理措施总体比较稳妥。当时，调查组认为"上海粮交所 10 月份和 12 月份粳米期货价格走势进入高价位区"，对多空持仓量集中的会员采取协议平仓办法减少持仓量。尽管市场对"粳米期货价格走势进入高价位区"的判断有不同理解，但用协议平仓的方法减少持仓量，是在交易所规则范围内降低市场风险的有效措施，收到明显效果。

1994 年 9 月国家计委价格管理部门带队的调查组没有很好听取上海市政府有关部门和交易所的意见，在处理方法上脱离交易所规则，采用上面价格封顶做法，造成了不必要的市场震荡。

两次调查组处理结果的市场反应截然不同：七月四部委调查组五条处理措施出台后，市场很快释放了部分风险，暂时恢复了市场的平稳；九月调查组采取价格封顶处理措施出台后，由于脱离了交易所的基本规则，一场本来不应有的风波发生了，加剧了市场的震荡，加深了领导部门对期货市场的负面印象。

（三）粳米期货交易中交易规则运用的总结

上海粮交所在粳米期货交易的整个过程中，运用保证金制度、头寸限制制度及会员和客户账户管理制度管理交易风险，总体上是成功的。这些交易规则保证了交易的规范进行，有效地控制了市场的风险。回顾总结交易规则的运用，实施最不成功的是涨跌停板制度。按照交易制度规定，连续三个交易日出现涨停板或跌停板，第四个交易日应放开涨跌停板，让价格回归正常，再恢复规定的涨跌停板限制。当时由于政府部门宏观调控的需要，为了防止期货价格上涨过快，交易所根据政府部门的要求，多次缩小期货合约价格最大波动限制，从粳米期货合约规定正常最大波动限制不高于或低于上一交易日结算价 70 元/吨，有时缩小到 35 元/吨、20 元/吨，甚至 10 元/吨。出发点是控制期货价格过快上涨，降低风险，但实际造成的结果是每天涨停板，市场流动性停滞，客户无法平仓，风险反而上升。这是粳米期货交易过程中得到的一条深刻教训。

（四）粳米期货交易及其停止的历史经验

粳米期货交易及其停止问题已成为历史，认真研究这段历史，对于现阶段发展我国资本市场和商品市场，特别是迎接人民币国际化后的对外进一步开放，是有极其重要意义的。随着中国资本市场的开放，不断会有新的问题产生，并需要我们去解决。对市场出现的问题，要善于尽可能在法律和规章制度范围内，用现有制度解决，这既是法制市场的需要，也是一个成熟市场必须遵循的原则。

中国期货史上
一个创新品种的陨落

——红小麦期货交易始末

红小麦期货是上海粮油商品交易所（以下简称上海粮交所）建立初期的一个重要品种，由于在交易过程中，对它试行过现金交割办法，使其成为中国金融衍生品创新的一个早期探索，因此，在中国期货界曾经产生过重要影响。红小麦期货品种从产生到停止交易的过程，至今仍有许多值得回忆的地方。

一、红小麦期货品种产生的背景

中国是小麦生产和消费大国。20 世纪 90 年代前后，我国年产小麦约在 1 亿吨，但当时国产小麦中优质品种比例较低，普通小麦比例较高，不同地区的小麦质量差异较大。同时，这一时期粮食产量不稳定，有些年份国内供求极不平衡，因此需要大量进口小麦。当时我国每年进口小麦约在 1000 万吨，约占全球小麦贸易量的 10%，对国际市场价格影响很大，其中相当一部分是从美国、加拿大等国进口的硬质红小麦。

这一时期国内粮食主要品种的进出口由某进出口公司独家经营。在这种高度垄断的体制下，国内所有用粮单位的进口小麦，需向该进出口公司购买或委托其代理进口。该进出口公司掌控了进口小麦国内的源头

95

价格。因此，国内企业普遍感到进口粮食价格透明度低，质量和品种难以选择。当时国内市场流通的进口小麦数量较大，市场价格时起时伏，而且有时变化很快：进口粮食货轮集中到港时，小麦价格就会下跌；货轮到港减少或无船到港时，小麦价格就会飙升。面粉生产淡旺季及储备粮轮换吞吐，对市场的小麦价格都会带来很大波动。因此，国内市场对进口小麦价格风险规避有较大的需求。

1993 年 6 月 30 日，上海粮交所开业。红小麦是首批上市的期货品种。当时合约设计是以国产红小麦为交易标的，国产红小麦不仅与进口红小麦质量差异大，而且不同产地的国产红小麦质量差异和价格差异也比较大，因此，该品种对现货市场价格指导意义和套期保值作用不明显。加之上海粮交所开业初期，粳米、大豆、绿豆等品种交易活跃，红小麦交易极为清淡。1994 年 9 月，国务院办公厅发通知暂停粳米期货交易后，许多企业和会员向上海粮交所提出，希望推动红小麦等品种交易，以适应现货市场流通和套期保值需要。在这种情况下，上海粮交所组织开展对红小麦期货合约进行重新修订和重新上市的工作。

二、红小麦期货合约及现金交割办法修订的内容和设计思路

在修订红小麦期货合约过程中，上海粮交所较广泛地听取了粮食贸易企业和面粉加工企业等各类企业的意见，根据当时粮食市场实际情况，经过反复研究，决定对红小麦期货合约进行较大修改。一是把标的物改为进口红小麦，以适应企业套期保值的需要。二是在采取实物交割的同时试行现金交割。采用现金交割的方法，是对进口商品交割的创新和探索，这些创新思路和方法，虽然有一些值得商榷的方面，但时至今日，有一些仍具有借鉴意义。

1. 红小麦期货合约及现金交割办法的主要内容。

（1）红小麦期货合约规定采用实货交割和现金交割并存的方式。

（2）红小麦期货合约现金交割价以现金交割基准价为计算依据。现金交割基准价以美国芝加哥期货交易所（Chicago Board of Trade，CBOT）红小麦合约价格加上国外费用，乘以人民币兑美元汇率，再加上国内费用得出。国外费用包括美国离岸基差、远洋运输费、保险费等，扣除美国政府补贴；中国国内费用包括外贸代理费、口岸中转费和其他费用。美国芝加哥期货交易所红小麦价格由交易所每日公布。

（3）对国外费用和国内费用采取定额方式于每年 1 月份公布。当国外费用和国内费用实际发生额有较大变化时，且变化值超过公布定额的 30% 时，由交易所对定额进行调整。

（4）人民币兑美元汇率采用红小麦期货合约最后交易日当天国家外汇管理局公布的人民币兑美元的中间价。

（5）红小麦期货合约的现金交割价以现金交割基准价 ±10% 为上下限。当最后交易日结算价在基准价上下限范围内时，现金交割价等于结算价；当最后交易日结算价高于上限时，则以上限为现金交割价；当最后交易日结算价低于下限时，则以下限为现金交割价。

（6）红小麦期货合约最后交易日现金交割具体实施方式：当结算价等于现金交割价时，不作结算；当结算价高于现金交割价时，多方支付空方结算价与现金交割价的差额；当结算价低于现金交割价时，空方支付多方结算价与现金交割价的差额。

2. 红小麦期货合约及现金交割办法的设计思路。

（1）设计以进口红小麦为交易标的物，是考虑为国内企业套期保值提供便利。当时中国是国际市场小麦进口大国，国内市场进口小麦价格起伏较大，许多国内企业又不能够到国外从事套期保值交易，开设进口红小麦期货交易，为国内企业创造了不出国门就能规避价格风险的条件。同时，在指导思想上，我们期望通过做大红小麦期货交易规模，使中国的价格对芝加哥期货交易所价格产生一定影响，从而参与红小麦的国际定价。

（2）对合约到期交割采用实货交割和现金交割并行。采用实货交割和现金交割并行，主要是考虑防止市场出现逼空风险。20世纪90年代，期货市场建立初期，由于商品紧缺，运输不畅，市场逼空行为较为普遍。同时，红小麦期货交易标的物采用进口红小麦，一旦进口货源不畅，容易出现逼空。为防止逼空行为，同时考虑交易者既有贸易企业和加工企业，又有投资套利者的实际情况，因此采取实货交割和现金交割并行的办法。这是中国商品期货交易制度设计上的一种探索和创新。

（3）以美国芝加哥期货交易所价格作为现货价格采样基础。美国芝加哥期货交易所是全球谷物交易中心，是国际上许多谷物现货商进行套期保值和现货定价的场所。芝加哥期货交易所的价格在国际上具有权威性，美国和加拿大出口小麦价格都是以美国芝加哥期货交易所价格作为定价基础的，而中国进口小麦大部分来自美国和加拿大。由于当时国内现货价格采样困难，且国内市场处于不规范状态，为防止价格采样被人为操纵和垄断，我们从探索的角度，把芝加哥期货交易所的红小麦价格作为现金交割现货价格采样的基础。大胆尝试使用这种方法，对防止价格操纵和垄断、提高公正性和透明度是有创新意义的。

（4）制定相对简便易行的现金交割基准价。美国芝加哥期货交易所的红小麦价格是反映国际市场小麦供求的价格，与中国进口的红小麦价格是有密切关联的。但上海粮交所交易的红小麦合约不仅受国际市场价格影响，还受到国内市场流通的影响。为了妥善解决两者价格的差异问题，我们当时作了大量市场调查，包括美国国内离岸运输等费用情况，北美到中国远洋运输费、保险费及美国政府对小麦补贴数据，中国国内外贸代理费用、口岸中转费用等。在此基础上制定了红小麦现金交割基准价计算公式，这个计算公式为：现金交割基准价 =（芝加哥交易所红小麦合约价 + 国外费用）×汇率 + 国内费用。

根据调查我们了解到，国外费用和国内费用相对稳定，为便于合约交割计算，我们将国外费用和国内费用以定额方式确定，每年调整公布一次，当实际费用超过定额一定幅度时，则作相应调整。在这种国内外费用相对稳定的情况下，基准价的主要变量是芝加哥期货交易所的价格和汇率。这里吸取了当时财政部对国债保值贴补率每月公布一次对国债期货市场造成冲击的教训。

（5）设定现金交割基准价的上下限。红小麦期货合约现金交割价以基准价 ±10% 为上下限，这一设计基于三点考虑：一是根据芝加哥期货交易所小麦价格数据统计发现，其价格波动幅度较小，而国内市场进口小麦价格波动幅度相对较大，设定这样的区间，一方面使现金交割价以国际价格为基础，同时融入中国国内供求因素，另一方面在临近交割期时，可以促使两者价格靠拢；二是防止市场上人为利用资金投机炒作，使结算价严重偏离交割价；三是由于现金交割基准价构成当中，国内外费用是相对固定的，但实际费用发生时会有上下波动，采用 ±10%上下限区间，通过交易者市场交易，可使费用波动得到一定的修正。

三、红小麦期货合约重新上市交易情况

红小麦期货合约修订后重新上市交易，经历了模拟交易、正式交易和平仓退出交易三个阶段，前后约 3 个月，其中正式交易只有 10 天。据当时路透社记者评论，SCOE（指上海粮交所）红小麦品种是世界上

最成功的期货品种，也是最短命的期货品种。

1995年2月13~17日，上海粮交所对修改后的红小麦期货合约进行了5天的模拟交易。模拟交易进行了交易、结算和现金交割仿真模拟。整个模拟非常成功，会员和客户反响较好，热切要求正式交易。

1995年2月20日，上海粮交所修订后的红小麦期货合约正式交易，实现了开门红。随后短短几天，交易量和持仓量逐日上升，成为交易最为活跃、交易量最大的品种。上市成功，迅速引起国内期货界和新闻界的关注，各大报纸纷纷进行报道和宣传，企业和期货投资者开始快速进入市场，一时间红小麦成为期货新兴品种。与此同时，国外谷物贸易商和期货界也开始关注中国这个新的期货品种。美国小麦协会和美国谷物协会都派员来上海粮交所了解红小麦交易规则和交易情况。然而，在刚刚交易了10天后的3月3日，中国证监会突然下发暂停红小麦期货交易的通知。通知称："根据国务院领导同志批示精神，请你所自接到通知之日起，暂停红小麦期货交易。未平仓合约可在合约到期前平仓或在交割日进行实物交割。"

1995年3月6日上午，中国证监会通知在各大报公布后，上海粮交所迅速召开理事会议，商议贯彻中国证监会通知精神及退出红小麦交易办法。3月6日下午，红小麦停市，上海粮交所召开会员大会，并向市场发出公告：按照中国证监会通知精神，从3月7日起，红小麦各合约只能平仓，不得开仓。未平仓合约可在合约到期前平仓或在合约到期后履行交割。根据通知要求，在听取会员意见基础上，3月7日上午，上海粮交所再次召开会员大会，宣布红小麦交易了结方案，安排3月8~10日为协议平仓期，按交易所公布的协议平仓价进行平仓。对未平仓合约，从3月13日起，保证金提高到30%。

到1995年5月15日，红小麦交易全部结束，最后极少量合约履行了现金交割。至此，红小麦合约期货交易画上了句号。红小麦从 2 月 20 日正式交易，到全部停止交易，累计交易 1151240 手合约。

四、红小麦期货停止交易的缘由

红小麦期货合约及现金交割，作为一项创新与探索，重新上市交易仅 10 天就被停止，上海粮交所的许多会员和参与交易的企业及投资者深表惋惜。红小麦期货被停止交易的原因大致如下。

用进口红小麦作为期货交易的标的，对于提高进口红小麦价格的透明度、方便国内企业套期保值交易、增强中国市场对国际红小麦定价的话语权是有积极意义的。这种交易方式，顺应了当时许多国内企业要求改变粮食进出口垄断局面的呼声，但直接冲击了粮食进口垄断经营的体制。在这种情况下，1995 年 2 月 16 日，也就是红小麦期货交易重新上市处于模拟交易阶段，某进出口公司向对外贸易经济合作部一位领导写了一封信，要求立即停止红小麦期货交易。信中对上海粮交所进口小麦期货交易提了四点意见。第一，红小麦合约的设计与其现金交割办法从技术上讲是行不通的。国际上知名的大交易所，尤其是以农副产品为主的商品交易所，都建在所交易的农作物的主要生产地和集散地。第二，我们每年进口一定数量的小麦，目的在于调剂品种余缺，稳定国内市场，而绝不是用来在国内搞什么期货。第三，交易所实行交易自由、实货交割自由的方式与我们目前所实行的小麦进口配额政策相矛盾。第四，期货价格很有可能被炒得居高不下，这就把国内市场这种人为的和不实际的价格水平提供给出口国供应商，从而使我公司很难利用国际市场，抓住有利时机订货成交。

2 月 20 日，对外贸易经济合作部一位领导将此信批给了国务院领导同志。2 月 22 日，国务院两位领导同志批示，要证监会处理停止交易。

中国证监会 1995 年 3 月 3 日通知就是在这种情况下发的。其实，该进出口公司的四点意见是缺乏说服力的。

第一，上海粮交所红小麦期货合约设计，是实货交割与现金交割并存的，并且合约标的物是中国口岸到港的进口红小麦。现金交割价是由美国国内价格加上国外费用，乘上汇率，再加上中国国内到岸费用等构成的。合约和现金交割办法的设计与实际商品流通是一致的。美国国内价格是按芝加哥期货交易所价格加基差定价的，国际小麦贸易也是按芝加哥期货价格定价的。因此，这一设计在技术上是以现货流通为基础的，没有明显的缺陷。关于国际上知名交易所都建立在主要生产地和集散地的问题，在早期芝加哥期货交易所建立时确实是这样的，但随着商品生产和流通的发展，以及期货交易的发展，这一情况已发生很大变化。如石油，全球最大交易所在英国和美国，但当时英国、美国都不是世界最主要的原油生产国；伦敦是全球铜的主要交易地，但伦敦也不是铜的最大生产地和集散地；再如橡胶交易，东京曾经是全球橡胶主要交易地，但东京并非橡胶生产地和集散地。

第二，当时中国每年进口小麦大约在 1000 万吨，基本上占到国际小麦贸易量的 10%。这么大量的进口需求势必对国际价格产生影响。但当时中国在国际上没有价格话语权。在国内极不透明的进口体制下，巨量进口粮食价格掌握在个别公司极少数人手里。因此，推出进口小麦期货，对于争取国际小麦定价话语权，是有积极意义的，与调剂国内品种余缺、稳定国内市场并不矛盾。

第三，进口小麦不论是配额进口还是配额外进口，不论是转为储备还是投放市场，最终进口粮食是流入市场的，必然会对国内市场价格产生影响。而且 20 世纪 90 年代国内粮食供应较紧，地方每年有大量粮食进口，由于国内没有公开市场，企业既缺乏市场价格指导，又缺乏价格风险转移场所，因此，当时国内市场十分需要公开的市场，以破解垄断经营体制对价格信息的封锁。进口配额制与公开市场没有矛盾。

第四，期货市场价格高低是由市场决定的，不是少数企业和个人能够人为炒作的。此封信试图利用当时领导层对粮价居高影响市场的担心来维护自身垄断地位。其实，对进口小麦进行期货交易，形成国内市场流通价格，非但对中国进口没有不利，反而可以提高进口小麦国内流通的价格透明度，为包括该进出口公司在内的各方定价提供市场依据。

就这样，一个充满希望的期货品种，因某进出口公司的一封信而停止了交易。但是红小麦期货合约的设计思想和交易交割方法，仍为中国期货发展史留下了值得记忆的宝贵探索。

五、红小麦期货交易停止的几点思考

红小麦期货交易及其停止交易是二十多年前的事，今天回顾这段历史，仍有不少值得思考的问题。

1. 中国是大宗商品的进口国和消费国，从中国经济发展的长期趋势看，有许多资源性商品需要进口。由于国际现有经济贸易体系是由欧美国家主导形成的，因此，中国在大宗商品国际贸易领域缺乏价格话语权。二十多年前，我们就试图打破这种格局，但是那时，中国的经济实力和国际经济地位还不完全具备这些条件。今天，我国已有了充分的条件，因此加大开发一些国际大宗商品期货合约及其交易方式，特别是运用创新型思维主导这一领域的探索，有利于增强中国在国际贸易体系中的价格话语权，这是中国从经济大国转变为经济强国的必由之路。

2. 红小麦期货合约及其现金交割办法，从技术上看，总体是成功的。红小麦期货合约及其交割办法，为当时中国大量进口国外小麦，但中国

企业无法到国际市场上参与套期保值问题提供了某种解决可能；同时，对防止进口商品期货在国内期货市场逼仓问题也作了有益的探索。除此之外，对进口商品套期保值和交割方式探寻了一种技术方向，这种技术方向，对现阶段中国境内从事商品期货和期权交易，仍具有借鉴和参考意义。

3. 红小麦期货交易案例给我们的另一启示是：政府部门要支持企业的创新活动。红小麦期货交易及其现金交割办法是一个企业创新案例，由于20世纪90年代经济形势和当时社会各层面对期货的认识不一致，最终停止了交易，有许多理由可以解释这一结果。从今天看，当时这种创新除了有成功一面外，还有一些值得商榷的问题。但是，无论如何作为一种创新举措，对它的问题可以讨论和完善，但简单的行政手段，并不利于新生事物的成长。创新需要政府提供宽松的环境，创新需要政府给予大力的支持。

4. 上海粮交所在20多年前进行现金交割的大胆试验，一定程度上体现了探索性和前瞻性。现在国际上许多商品期货和期权，用指数方式进行交易，用现金方式进行交割，为企业套期保值提供了更大便利。现金交割已成为现代金融市场和商品市场发展的一种新趋势，我们应该积极研究和开发商品期货现金交割方法，使中国的衍生品交易走在世界的前列。

附录一　民国时期
上海粮油交易市场记述

民国时期上海的粮油交易市场是全国乃至远东地区最发达的市场，粮油市场成为上海坐拥远东贸易中心和金融中心的重要组成部分。20世纪20~30年代的上海面粉、油豆饼期货市场的交易规则之完善，为改革开放后中国金融市场和期货市场的发展，提供了重要的借鉴。为此，特将相关资料整理编写成本文。

一、清朝到民国时期上海粮油市场的变迁

历史上，上海粮油市场是个大市场。由于上海地理位置优越，交通运输发达，东北、山东、河南的杂粮、油料、大豆，湖北和江西的大米，大多以上海为集散地。近代，随着国外机器磨面技术输入我国，逐步形成了上海大米、粉麸、油豆饼和杂粮交易市场。上海粮油市场的交易者来自全国，而且伴随国内贸易的发展，粮油的国际贸易也日益兴起，初时以输出到日本及太平洋沿岸国家为主，以后逐渐扩展到欧美国家。

（一）大米市场及其变迁

上海的米市形成较早，到了清朝，苏、锡、常等地区的米粮，从苏州河船运来沪，大多集中在闸北新闸桥一带的徐大兴等八家米行交易，称为北市。湖北、江西、安徽等地由长江航运的米粮和杭嘉湖船运进黄

浦江的米粮，大多运到南市丰记码头到王家码头之间，在豆市街的小润泰、周义记等八九家豆米行交易，称为南市。

清同治五年（1866年），米行业的仁谷公所（又称仁谷堂）成立。清同治七年（1868年），米号业的嘉谷公所（又称嘉谷堂）成立。仁谷堂和嘉谷堂成为大米行业管理和维护同业利益的组织，又是同业聚会、议事、谈生意之处。

民国9年（1920年）春，米行仁谷公所分别设立北市米行公会和南市米行公会。这两个公会既是米行业管理组织，又是米行业交易场所。民国18年（1929年），米业仁谷堂和豆业萃秀堂合并，改称上海豆米行业同业公会，总事务所设在南市福佑路190号豫园萃秀堂，下分豆组和米组。米组下设南市米行分会和北市米行分会。随着米行发展，进口及转口业务兴旺，在民国20年到民国22年（1931—1933年），南市外马路、丰记码头街附近先后建成米行码头和豆米仓库，沿码头一路米行云集，交易旺盛。在此阶段，上海南北米市交易以现货为主，也有路货和定期交易。上海粮商同全国各地的粮商形成网络，互通信息，上海米市场成为集散吞吐之地。如货物大量涌入，米价则大幅回落，遇到自然灾害和军阀混战，米价又扶摇直升。

1937年8月13日，日军侵略上海，抗日战争全面爆发，上海南北米市场被毁。上海市商会等团体于同年8月17日在公共租界内爱多亚路（今延安东路）浦东同乡会内成立米业临时交易所。到1937年11月，国民党守军撤退，南市、闸北相继沦陷，南市和北市分别集中在巨鹿路同义小学和厦门路同乐茶楼进行米业交易。

1938年1月，由米行业公会召集米行同业在福州路515号青莲阁进行交易。在此市场中，交易者围坐方桌，卖方米盘出样，边喝茶边洽谈生意，被称为"茶会市场"。初期加入者仅30余家，到1939年入场的米行就超过百家，米号近千家，掮客百余人。由于大量米行、米号、经售、碾米业人员及掮客入场交易，为加强管理，茶会市场组成市场管理委员会，订立章程，主要有《市场简则》《市场临时买卖规则》等。在茶会市场中，买卖双方如有意向，即到米行、堆栈或米船上复样、谈价，并在商议付款期限后，正式成交，然后交割。市场交易程序规定严格：米客贩米来沪，通过经售商或掮客卖给米行，米行批发给米店；米厂向市场购进稻谷或糙米碾白后，仍须由米行转售米店，米店零售给消费者。1940年，日伪在米产区搜购军粮，加之东南亚局势动荡，香港禁米外运，西贡出口停滞，上海成为"孤岛"，米源紧张，投机商乘机囤积居奇，米价居高不下。1941年5月，上海公共租界工部局将各仓库大米以低于市场价格强制收购，并责令米业茶会市场停止交易。1941年底，日军占领租界，伪粮食管理局实施凭居民户口证购粮（俗称户口米）政策。1943年8月，汪伪政府在上海组织"全国米粮统制委员会"。由于这一时期日军大量搜刮军粮，米价越抬越高，到1945年8月15日日本投降时，上海每石米价已涨到150万元，比1937年8月至1939年4月限价时的大米每石14元，猛涨10万倍。

1945年8月，抗战胜利，日本投降，国民政府接收上海，米市场恢复交易。初期，在原大新公司五楼（今市百一店）设场交易，后于1945年10月，国民政府粮食部上海市粮政特派员办公室和国民党上海市执行委员会命令，上海市米业临时市场于当年11月1日在青莲阁恢复设场交易。临时市场管理委员会随即修订《市场营业简章》《市场加强管理办法》等规章。1946年5月吴国桢任上海市长，因粮价猛升，其对粮食市场管理发布了5项紧急措施。上海市社会局也相应地对米市场加强管理，改组米市场，撤销青莲阁米市场，由南市米行与北市米行分别组织南市场与北市场。市场价格由市场管理委员会逐日评定，挂牌开盘。当时国民党政府忙于内战，使经济彻底崩溃，根本无法控制米价，到 1949 年 4 月，国民党政府垮台前，米价彻底决堤。当年 4 月 2 日上海市场每石白粳米金圆券 11.7 万元，到 4 月 22 日市场限价为每石金圆券 200 万元，但场外价达每石金圆券 300 万元。1949 年 5 月 27 日上海解放，30 日南北米市场恢复交易。同年 6 月 1 日上海市粮食公司筹备处成立，6 月 6 日派员进驻南北米市场。

（二）粉麸市场及其变迁

近代粉麸市场随机器磨面业而兴。上海机器面粉厂出现于清光绪二十三年（1897 年），首先开办的是德商增裕面粉厂。随着清光绪二十六年（1900 年）民族资本第一家机器面粉厂——阜丰面粉厂开业，华兴、裕丰、裕顺等面粉厂陆续创办。由于当时上海是我国最大的通商港口，工商贸易发达、交通运输便利、游资较多，洋面粉和外商工厂的面粉占有一定优势，国产机器面粉上市后必须全力竞争，广开销路，才能立足市场。于是，民族资本的各面粉厂除采取优惠代售行号，扩大内销，打开外销外，还参加茶市交易，力图扩展粉麸市场。

清光绪三十年（1904 年），阜丰等五家面粉厂的粉麸交易，于每天下午二时至六时，在棋盘街茶市进行，经捎客介绍客户与厂商洽谈现货交易。货物与价格均无规定标准，由厂商按产品开价出售。一经成交，当日付清货款，来不及办理的，在翌日上午交割。买卖双方交割清楚后，各付捎客介绍费用。在茶市的交易初期，买卖双方较守信用，同业称便，至后期纠纷日多，交易渐衰。因此，业界不得不设法补救，开始积极筹办面粉贸易所。清光绪三十四年（1908 年），上海机器面粉公会贸易所成立，设在四川路腾凤里上海机器面粉公会筹备处内，经营一至六个月的粉麸交易。

民国 8 年（1919 年），欧美各国兴办交易所，成为批发贸易的主要方式。日商在上海也设"取引所"（即交易所），经营粉麸期货交易，并借助租界势力，迫使中国厂商受其支配。中国厂商发现要抵制日本"取引所"来挽回权利，必须集同业之力形成统一团体。于是由阜丰宁钰亭，福新荣宗敬、王尧臣，申大顾馨一等 18 人发起筹设面粉交易所。同年 10 月 3 日召开筹备会，议决改组上海机器面粉公会贸易所为中国机制面粉上海交易所（以下简称面粉交易所）。面粉交易所股本总额 50 万元，分作 1 万股，每股 50 元；额定经纪人 55 人。筹备会选出理事、监事委员，并决定该所试办期一年。

民国 9 年（1920 年）3 月 1 日，中国机制面粉上海交易所在民国路 249 号（今人民路新开河）开幕。营业时间为每天上午十时至十一时半，下午二时至四时。面粉交易所除粉麸现货交易外，还做一至六个月的定期交易（即期货交易）。民国 11 年到民国 23 年（1922—1934 年）面粉交易所面粉成交额共 190441.4 万包。这期间成交数额巨大，但交割数额微小，如民国 22 年（1933 年）成交额达 15456.6 万包，交割数仅 64.8 万包，占成交额的 0.42%；民国 23 年（1934 年）成交额为 18668.6 万包，交割数只有 135.8 万包，占成交额的 0.73%。

1937 年 8 月 13 日，日军侵入上海，淞沪会战爆发，工部局命令面粉交易所停市。同年 11 月 11 日上海沦陷，不久后粉麸商在爱多亚路（今延安东路）杂粮油饼交易所原址，形成面粉黑市，买卖栈单。1939 年 5 月，日商三井、三菱集团组成"中部支那制粉联合会"，控制面粉销售。1943 年 3 月汪伪政府成立"全国商业统制总会"，对粉麦等六类物资的原料收购和成品分配实行全面统制。同年 5 月，汪伪政权控制的"粉麦专业委员会"成立取代了"中部支那制粉联合会"，执行统购小麦，统配面粉，上海的粉麸市场完全控制在日伪手中。

1945 年 8 月 15 日抗日战争胜利后，上海面粉商业、麸皮公会合并为上海市面粉麸皮商业同业公会。由于缺少面粉市场，同业买卖粉麸深感不便，于是1947年5月上海市粉麸商业同业公会在会员大会上提议组织粉麸市场，并由公会向国民党上海市政府的社会局申请。社会局认为面粉正在配售，不需设立市场。直到同年7月配售停止，同业公会再次申请，8月下旬社会局才准予组建。同业公会推选人员组成市场管理委员会和调解委员会，9月5日，同业公会将市场各项规章①上报社会局核准备案。1947年9月10日，粉麸市场在中正东路245号（今延安东路）开幕，营业时间为每天上午十时至十二时，只做现货交易。1947年10月起，由于国民党发动内战，造成物价逐日上涨，市场交易混乱，市场管理委员会在同年12月公告，每日交易价格升降，不得超过上日收盘价格的5%。1948年6月开始，市场秩序更乱，买卖方式颇多，成交无从稽考，纠纷迭起。市场采取限制入场人数、设立茶座、分组交易措施。8月19日，国民党政府"改革"币制，强行限价，并要按金圆券计价付款。到1949年4月，由于货币贬值，市场交易交割中支票退票严重，市场又采取紧急措施，处罚支票退票行为。

1949年5月上海解放，粉麸市场交易依旧混乱，市场投机取巧，抬价转手仍然不绝。于是人民政府多次整治粉麸市场，直至1953年12月实行粮食计划供应，粉麸市场结束营业。

（三）杂粮油豆饼市场及其变迁

上海自清康熙二十三年（1684年）开海贸易以来，东北沙卫船运来豆类逐年增多。大豆可有多种利用途径，"磨之为油，压之为饼，屑之为菽乳（豆浆）"，深得群众欢迎，大江南北，不少人贩卖制作，倚以为生。豆业成为当时上海贸易中最大行业。

---

① 包括市场管理委员会组织规程、办事规则、营业章程、会议规则、调解委员会调解规则、居间人管理规则。

　　清乾隆卅年（1765 年），上海城隍庙建萃秀堂，成立豆业公所。嘉庆年间，关东、山东商人把大豆及其成品贩运来沪，除上海销用外，还利用长江舟楫之便转运至湖北等处，以及海运中转至福建、广东等省，豆市交易兴盛。随着业务的扩展，各地杂粮油饼商纷纷来沪开行设铺，豆市集中的地方，被人称为"豆市街"。为结算方便，豆市街邻近的棉阳里、吉祥里、萃丰弄一带，开始有小型汇划钱庄，多数为豆市而设，提供交易便利。同时沿江码头一派繁忙景象，最盛时沙卫船多至二千数百艘，有"帆樯如林，蔚为奇观"的描述。货物和交易集中于此地，行多成市，形成以豆及其产品为主的集市贸易，豆市街于是名闻遐迩。

　　清道光七年（1827 年），调任江苏省松江府上海县李姓官员为解决买卖双方及贩运船只之间的争端，牵头各方会同制定了《商行船集议关山东各口贸易规条》，并要求"勒石永遵"，严格规定了商行、牙行①与船方三方集议的规条，违者予以重罚，规范了豆类交易秩序。清道光二十年（1840 年）鸦片战争后，上海列为五口通商城市之一；清道光二十三年（1843 年）开埠后，逐渐以轮船运输代替沙卫船。清咸丰八年（1858 年）北三口②通商，上海经营的油豆饼业务更加扩大，东北船运到上海的货物以豆子居多，豆饼次之，油数量较少，所以将同业牙行（居间商）叫豆行。

　　清光绪八年（1882 年），饼豆行购置了万端弄平房一所，称禾菽堂，作为豆业公所的附属产业，俗称豆市，也是同业与商号论市的交易场所。禾菽堂拟定交易规章，规定外商不得参入，成为交易市场的雏形。清光绪十七年（1891 年）前后，关东运来的货物中，豆油增多，饼豆相对减少，自此，饼豆业改称为油豆饼业。

---

　　① 商行一般指贸易商，牙行一般指代理商和居间商。
　　② 北三口指营口、烟台、上海。

清朝中前期，上海杂粮油饼市场只做现货交易。到清朝后期，油豆饼因世界市场、国内局势、社会游资等因素影响，价格波动较大。限于当时交通条件，来自东北、山东、河南等地货源，大都要十天半月才能到达，在此期间，价格涨落不定，利润缺乏保障。于是油豆饼市场除现货交易外，开始出现"路货"交易（类似中远期交易）。市场每天上午在禾菽堂、下午在河南路广东路口同春芳茶楼（后迁至福州路杏花楼）进行交易，俗称茶会。每天到场交易者约有三四百人。上午交易时来不及谈妥成交的，下午继续商谈；上午接洽交易手续未了者，下午在杏花楼完成其任务；下午到船货物须分发样单者，也在茶会分发。当时上海为产销集散地，参加此处交易者中，东北、华北、西北、华中、中南等地以来货为主，采办者是少数；苏、浙两省来货和采办均有；华南各省大都在上海采运出口，以供自省区需要，并部分转运南洋群岛。至于国际贸易，初以出口日本为主，后逐渐扩大至太平洋沿岸各国及欧美。由于同业交易信用良好，路货交易一般只订立成交单，并不预付定金，打破看样议价成规。第一次世界大战时，因世界市场和国内局势的影响，出现了悔交或交接时在价格上打折扣的风潮。

民国6年（1917年），上海油粮八帮①在福佑路民国路（今中华路）集资购地，建造三层楼公所，成立上海华商杂粮油饼业同业公会，掌握油豆饼市场。

民国9年（1920年）秋，虞洽卿筹组上海证券物品交易所，经营证券、物品，包括经营油豆饼；同时日商在上海成立"取引所"，经营各类物品期货买卖。基于此，油豆饼业界认为"利权外溢"，于是筹设"上海杂粮油饼交易所"，设事务所于大马路（今金陵东路）外滩12

---

① 上海、汉口、广东、潮州、泉漳、福州、镇江、汕头。

号,于民国 10 年(1921 年)2 月 12 日正式开业。上海杂粮油饼交易所系股份有限公司性质,规定以萃秀堂、仁谷堂行业为限,交易所交易均须通过经纪人。交易品种有大豆、豆饼、豆油、小麦、红高粱五种,后又增加芝麻,每一品种订有规格标准,允许做期货交易。

民国 24 年(1935 年)前后,各地生产的油豆饼除当地自销外,大量集中于上海,相关对外贸易迅速发展。当时,油豆饼杂粮交易额居全市之冠,车站、码头存量经常高达 150 万担(7.5 万吨)。

1937 年,日本全面侵华,抗日战争爆发,上海沦陷,南市同业纷纷散迁,上海杂粮油饼交易所停止活动。抗日战争胜利后,1947 年1 月,上海市社会局令改组、筹组两个同业公会,即上海市杂粮业商业同业公会及上海市油商业同业公会。随后成立上海市油业市场。规定油商或兼营油商的行号,均得入市场进行食油及其副产品交易。到解放前夕,两个同业公会各附设一个市场,一般交易都在场内进行。

二、民国时期上海粮油交易所的管理和交易制度

民国时期,从事粮油交易的交易所主要有中国机制面粉上海交易所和上海杂粮油饼交易所,两所管理和交易规则的要点如下。

(一)交易所的设立和组织形式

中国机制面粉上海交易所由阜丰面粉厂宁钰亭,福新面粉厂荣宗敬、王尧巨,申大面粉厂顾馨一等 18 人发起筹设,在上海机器面粉公会贸易所基础上改组而成,于民国 9 年(1920 年)3 月在民国路 249 号(今人民路新开河)开业。面粉交易所采用股份有限公司形式,股本总额 50 万元,分作 1 万股,每股 50 元,开设时决定试办期为一年。

上海杂粮油饼交易所由陈子彝、蔡裕焜等发起,于民国 10 年(1921 年)2 月在大马路(今金陵东路)外滩 12 号开业。该交易所也

采用股份有限公司形式，股本总额 200 万元。

（二）交易所的组织架构

中国机制面粉上海交易所和上海杂粮油饼交易所的组织架构为股东会、理事会、监察人、评议会及名誉义董。股东会由全体股东组成，由理事长召集，决定交易所重大事项。理事会由理事长、理事组成，先由股东会选举产生理事，再由理事选出理事长。理事长代表交易所执行理事会决议。监察人由股东会选举产生，主要任务是监督交易所业务运行，并列席理事会。评议会由理事及名誉义董组成，凡交易中发生的问题或交易中有异议，由评议会作出评议。

中国机制面粉上海交易所设理事 11 人，监察人 3 人。上海杂粮油饼交易所设理事 15 人，监察人 3 人。

中国机制面粉上海交易所和上海杂粮油饼交易所内部机构设立基本相同，设一处四科：文书处、总务科、场务科、计算科和会计科。文书处属于理事会机构，专司所内一切重要文书及记录事项。总务科总理交易所文书、报告拟稿、收发、规章编辑及内部一切杂务。场务科又名市场科，总理市场上一切买卖和交割事务及市场秩序维持。计算科负责市价差额、证据金、经手费等计算及买卖统计编制等事项。会计科掌管交易所现金及代用品出纳、账簿记录等事项。

（三）交易所的经纪人规定

中国机制面粉上海交易所经纪人额定为 55 人，增减须经理事会决定。上海杂粮油饼交易所经纪人额定为 100 人，增减须经理事会会同经纪人公会议决。

中国机制面粉上海交易所规定，申请经纪人须得二人介绍，并填写志愿书连同商事履历书及其他必要书类，由交易所转呈农商部，发给营业执照。上海杂粮油饼交易所规定，凡要成为本所经纪人，须得同业二行号（即两个公司）介绍，其余与中国机制面粉上海交易所手续相同，转呈农商部发给营业执照。

经纪人须在交易所指定地点内设置营业所，在交易所场内为客户代理买卖。经纪人不得在交易所场外进行买卖行为。经纪人与委托人之间的权利义务关系必须按交易所章程和各项规定及经纪人公会规约履行。经纪人对于交易所应负其买卖所发生的一切责任。

（四）交易所的交易规定

中国机制面粉上海交易所专营机制面粉和麸皮的现期买卖和定期买卖。现期买卖，系交易所设立初期存在的买卖方式，后来只做定期买卖。定期买卖基本上属于期货交易，交易所设立初期定期买卖契约以 3 个月为限，后来定期买卖契约以 6 个月为限。面粉和麸皮买卖单位为 1000 包及递加，叫价单位为 1 包。每天上午交易三盘，下午交易六盘。

上海杂粮油饼交易所，交易物品种类为豆、麦、油饼、芝麻、菜籽等，大米、稻谷不在营业范围内。上海杂粮油饼交易所交易分为三种：现期买卖、定期买卖及约期买卖。现期买卖契约期限为 5 天以内；定期买卖契约以 3 个月为限；约期买卖契约以 6 个月为限。定期买卖和约期买卖，须将物品种类、数量、价格、期限及买卖当事者的商号登入场账，始生效力。定期买卖与约期买卖如若转卖或买回时，须于交易终了后的次日，对该项买卖的契约向交易所清算了结。

（五）交易所的保证金和证据金规定

交易所对经纪人规定要缴纳保证金履行其担保责任。中国机制面粉上海交易所规定经纪人保证金为二万元，上海杂粮油饼交易所规定经纪人保证金为一万元。保证金可用交易所股票或现金充当，现金部分的保证金，交易所给付相当的利息。

中国机制面粉上海交易所和上海杂粮油饼交易所都规定，经纪人进行定期买卖应缴纳交易证据金，证据金分为本证据金、追加证据金和特别证据金三种。本证据金在买卖价格百分之三十范围内，由买卖当事双方缴纳。追加证据金按买卖成交价格与每日收盘价格相比较，其差损额达到本证据金四分之三时，令损者一方缴纳。特别证据金是在市价有异常变动或交割有可能受影响时，交易所对现存买卖之物，依据本证据金三倍范围内，令买卖当事双方或一方缴纳。

（六）交易所的交割规定

中国机制面粉上海交易所对交割规定为：定期买卖卖出一方交割时，限以最终交割日中午十二时为止；买进一方交割时，限以最终交割日下午五时为止。卖出方须将栈单缴纳到交易所，交易所收受栈单时，或检查货物，或由厂方仓栈在栈单上盖章，表示负其责任。其货款须在交割栈单次日一切手续完竣后给付。经厂方仓栈盖章负责的栈单，如无货或不足数，须于交易所通知日起二日内将货备足，履行交货，若期内不能备足或交易所认为不能履行交货时，按照栈单总货价再加总货价百分之十由该厂缴款收回。

上海杂粮油饼交易所对交割规定为：现期买卖交割以交割日上午十时至下午五时为限。买卖双方应将交割物件及货款备齐，由交易所临场执行。定期买卖和约期买卖的交割，在交易所或交易所指定地点进行，其货物须经交易所检查员检定。卖出者须依规定将提单或仓厂栈单盖章交付交易所，其货款须于交付栈单之日一切手续完毕后给付。交易所在期满交割日将提单或仓厂栈单交付给买入者，同时应由买入者缴纳其总货款，买入者以其缴纳的证据金作为总货款。

（七）交易所的计算（结算）规定

中国机制面粉上海交易所和上海杂粮油饼交易所对差价计算规定

为：定期买卖和约期买卖，转卖或买回时，以票面所载买卖价格与转卖买回的价格结算；定期买卖和约期买卖，届期交割与转卖买回结算时，亏者须向交易所缴纳亏蚀金，赚者由交易所代亏蚀者垫付。

（八）交易所的违约处分与公断（仲裁）规定

中国机制面粉上海交易所与上海杂粮油饼交易所在违约处分与公断方面的规定基本相同，大致有以下几条：

买卖当事者如不履行交割，或不迅速缴纳交易证据金，或不缴纳经手费或损失金，该经纪人应受违约处分。

买者卖者不依规定，在最终交割日下午九时以前履行交割者，即视为违约，其违约金在总货款百分之十范围内由交易所酌定数目，令违约者将违约金交由交易所赔偿被违约者。

定期买卖如在约定期内发生违约时，交易所将自违约日起七日内指定其他经纪人对违约物件转卖或买回，或依投标方法定其承受人。

经纪人与经纪人或经纪人与委托人因委托关系发生争议，由当事者提出以不起诉法庭为条件请求公断时，交易所应在职员及经纪人公会职员中临时推定公断员三人以上，组织公断会审议判断，判决后双方均不得再持异议。

三、民国时期期货交易的若干口述资料记录

民国时期交易所及期货交易的场景资料，现在已很少能看到了。根据 1991 年 12 月《上海粮食志》主编应飞同志组织的座谈会上编写组同志和解放前参与过期货交易的老同志口述，现将若干口述资料记录于此。

（一）中国机制面粉上海交易所交易场景

据 20 世纪 30 年代参加过中国机制面粉上海交易所（以下简称面粉

交易所）面粉期货交易的原卢湾区米业区主任罗奋同志回忆：

面粉交易所位于民国路（今人民路新开河），是一所建造不久的高楼，在二楼内，交易场所约 400 平方米，场子内设"拍板台"，台上放一张桌子，桌上放着一根长数寸、长方形的木梗和一本记录簿，木梗供拍板用。拍板员站在桌子左侧，记录员坐在桌子右侧；场所中央置大圆形的木栏杆，高与人腰齐；外围站着经纪人代表，即伸手员，各就各位。每星期一至六下午一时半开拍，每天拍四盘，即开盘、二盘、三盘和收盘[1]。每盘拍六个月，第一个月至第六个月，顺次开拍，喊价以每包为单位，成交以千包为单位。每盘每月的成交价格都挂牌，每盘同一个月有不同价格，就挂几块不同价牌，供来者观察涨跌形势。场所左侧，上面挂着各经纪人的户名及代号，例如：4 号"火国记"，16 号"尉兴"。左侧下面设核对台，每盘拍完后，经纪人进行核对。下午一时三十分开拍，拍板员"醒木"一击，口喊当月期，台下立即人声鼎沸，众手高举，高喊买进或卖出价格。

中国机制面粉上海交易所场内实行叫价交易。据罗奋同志回忆，叫价方法大体上为口喊并辅之以伸手，一般喊价简化为只喊尾数。例如：每包面粉价格 3.625 元，简化喊为二分半；又如 3.305 元，简喊三角零五厘。同时经纪人以手势表达买卖，手心向上表示买进，手背向上表示卖出。愿意成交者，用手指向对方一指，并喊买你两千，对方答应卖给你两千，这样就成交了，台上拍板员在伸手员（经纪人）一片叫喊声中快速叫喊双方经纪人的代号、成交数目、价格。例如，拍板员喊 4 号出、16 号进、两千、三分七厘半，32 号出、8 号进、四千、三分半。记录员马上作好记录，挂牌员立即挂出牌价。每盘每月有几个不同价

---

① 罗奋同志口述如此。据有关资料记载，下午四盘是后市，上午还有前市，前市拍两盘。

格，就挂几个牌价。当买卖双方价格不合，不能成交。例如：买进者喊二分半进，卖出者喊三分半出，拍板员高喊二分半进、三分半出，连喊三声，不成交，则"醒木"一击，表示这个月结束，下一个月开拍。以下二盘、三盘、收盘的每个月都是如此。每盘结束后，经纪人到核对台进行核对，办好手续。每天收盘的各月的最后一块牌价，就是当天的行情。每天的收盘价，不等于明天的开盘价，明天按规定开盘拍板。

（二）早期类似期货交易的形式——成票

据熟悉解放前面粉交易的面粉厂老职工、《上海粮食志》编写组成员陈连甲同志介绍，1908 年，上海机器面粉公会贸易所成立（以下简称贸易所），该所是各面粉厂经营一至六个月期货交易①的市场。贸易所设在四川路腾凤里上海机器面粉公会筹备处内，各厂商公议"规条"。凡面粉麸皮期货交易，均由该所制备成票，由厂商与买客直接订明交货付款期限，在成票上书明，双方签印成立。有关成票的"规条"主要内容有以下几点：

1. 成票为买卖期货已成之据。由贸易所制成为三联式，提供给面粉厂与买客填用。一联存厂家，一联交买家，一联报告贸易所备查。

2. 成票自订定货价日期，双方签印后即生效力。凡在成票所载期限内，不论货价涨落，两边均不能反悔。

3. 成票订立时，不论面粉与麸皮，应由买客预付每包定银 1 钱，俟出货结清之日，此项定银即在货价内扣除。

4. 成票货银应于出货时一律付清，但照例得以十天期之汇划庄票付于厂家换给栈单，再行出货。

5. 成票定银先付每包 1 钱，但在成票期限内，成货未清以前而货

---

①　此种系定期交易，又类似期货交易。

价顿落，并超过定银数目时，厂家得要求买客再补 1 钱定银，至付价出货时，一并扣除。

6. 买客如到期满之日而不出货，或出而未清者，厂家除将成票取消外，所付定银即为赔偿损失之款，买客不得要求退还。

7. 买客如到期满之日而不出货，或出而不清者，倘遇货价低落时，厂家得按照期满日之市价比较原订货价，除定银核抵外，应计亏短若干仍向买客如数补足。

8. 厂家成出之货，凡在成票所订期限内，应听买客随时出货，如到出期而不交货，买家对于厂家得要求因迟延所生之损害。但因机器损坏或罢工及其他天灾地变不可抗力之事发生，致不能如期交货者，厂家不负损害赔偿之责。

1920 年 3 月，中国机制面粉上海交易所开业后，定期交易的营业细则全按贸易所成票"规条"厘定，成交手续沿用贸易所成单。

后记

本文的资料主要来源于 1990—1991 年，上海市粮食局编写《上海粮食志》时收集的材料。当时，上海市粮食局组织编写《上海粮食志》，上海市粮食局原党委书记、局长应飞同志担任主编。为了编好这部《上海粮食志》，在应飞同志的组织和领导下，《上海粮食志》编写组同志收集了大量民国时期上海粮食市场的资料，通过对这些资料的收集、梳理和研究，一方面为撰写《上海粮食志》提供基础资料，另一方面为当时粮食放开后政府对粮食市场的管理及筹建上海粮油期货市场提供参考。

1991 年 12 月 12 日、14 日和 16 日，应飞同志主持了三天的座谈会，商业部原副部长季铭同志全程出席了座谈会。商业部中国粮食贸易公司总经理刘东平，上海市粮食局长陈士家，市财贸办和市地方志办公室领导范家增、姚秉楠等同志也参加了座谈会。

座谈会上，《上海粮食志》编写组的同志和解放前参与过面粉期货交易的老同志分专题介绍了民国时期上海的米市场、粉麸市场、杂粮油豆饼市场的情况，包括期货交易的情况。应飞同志介绍了《清代至民国政权对粮食市场的干预》；陈连甲同志介绍了《上海的粉麸市场及其交易制度》；王烈蕃同志介绍了《上海油豆饼市场的形成与变迁》；罗奋同志介绍了自己参与面粉交易所现货和期货交易的情况；李方英和白亮本同志介绍了米业同业公会等相关情况。我听取了座谈会上大部分同志的发言，并在会后对面粉交易所和油豆饼交易所情况进行了仔细梳理，与早先收集的旧中国交易所资料进行了分析对比，作为筹建上海粮油商品交易所的参考资料。二十多年过去了，为防止资料散失，现将当年的资料进行了重新整理，特作发表。在整理过程中参考了应飞同志主编的《上海粮食志》① 和杨荫溥所著《中国交易所》② 等书籍。

---

① 上海社会科学院出版社 1995 年出版。
② 商务印书馆民国十九年出版。

附录二　大宗商品与国际经济竞争①

　　大宗商品是国际经济活动重要的基础商品。大宗商品交易领域是国际经济竞争的重要战场。大宗商品价格是国际经济的晴雨表。随着中国进一步融入经济全球化，为掌握国际竞争的主动权，必须加强对全球大宗商品领域的研究。

一、大宗商品及市场概述

（一）大宗商品、大宗商品定价权及定价机制的概念

　　1. 大宗商品（Bulk Stock）主要是指可进入流通领域但非零售环节，用于工农业生产与消费的大批量买卖的物质商品。

　　大宗商品主要有四大类，即能源产品、基础原材料、大宗农产品和贵金属。能源产品包括原油、煤炭、天然气等。基础原材料包括有色金属、黑色金属、铁矿石和化工原料等。大宗农产品包括大豆、小麦、玉米、棉花、橡胶和砂糖等。贵金属包括黄金、白银等。

　　2. 大宗商品定价权是指一个国家或一部分企业在大宗商品价格制定方面拥有的一定的主动权或影响力。大宗商品定价权一般包含三个层次的能力：一是国际贸易谈判中影响合同价格的能力，二是在国际定价规则框架下影响国际基准价格的能力，三是制定或修改国际定价规则的能力。

---

　　①　本文根据作者在上海对外经贸大学演讲整理。

3. 大宗商品定价机制是指大宗商品国际贸易交易价格的确定模式。在大宗商品贸易中主要有两种定价模式，一种是以期货价格为基础的定价模式，另一种是由买卖双方协商达成的交易价格模式。定价机制与定价权紧密相关，定价权是定价机制的核心，定价权往往是通过制定定价模式或选择定价模式体现的。

（二）大宗商品的国际政治和经济意义

大宗商品既是国际经济的基础产品，又是国际政治的博弈武器。正如美国前国务卿基辛格曾说过的，如果你控制了石油，便控制了所有国家，如果你控制了粮食，便控制了所有人。因此，大宗商品具有重要的政治和经济双重意义，大宗商品领域成为国际竞争的重要战场。

1. 从经济角度看，大宗商品大多是涉及工农业和人民生活的基础产品，它的供求状况及其价格变动会直接影响一个国家乃至全球经济体系，成为世界经济的晴雨表。特别是伴随着大宗商品价格的重大变动，形成全球财富的转移和流动。以石油为例，如果每桶石油价格波动 10 美元，就会在全球造成约 3200 亿美元的财富转移，接近全球 GDP 的 0.5%。近几年石油价格下跌，就造成俄罗斯、委内瑞拉等产油国经济的严重创伤。

2. 从政治角度看，大宗商品历来是国际政治和外交斗争的武器。长期以来，大宗商品领域充满了国际政治博弈。第二次世界大战后，美国推行马歇尔计划，由美国供应西欧国家石油，从而控制了西欧国家的石油供应，使美国不仅从石油中大获其利，也控制了欧洲经济，西欧国家在国际问题上一度唯美国马首是瞻。前苏联在冷战时期也利用石油外交政策控制东欧经互会国家。由于东欧经互会国家的石油资源短缺，而前苏联富产石油，在 20 世纪 70 年代中期，东欧国家石油消费的 90% 由前苏联供给。石油成为前苏联控制东欧国家一种有力的外交武器。

（三）全球大宗商品的交易格局

大宗商品作为全球经济重要的组成部分，现阶段已形成三个最重要的交易中心，同时经过十多年的并购重组，已形成三个具有全球影响力的商品和资产交易定价集团。三大交易中心和三大交易定价集团，构成了全球大宗商品和资本的交易格局，左右着全球大宗商品的贸易和价格。

1. 纽约、芝加哥和伦敦是全球最重要的三个大宗商品交易中心。在纽约，纽约商业交易所于1974年推出燃油期货，以后又推出取暖油期货。纽约商品交易所于1974年推出黄金期货。这一系列商品期货的推出，使纽约成为全球能源和黄金交易中心，对全球能源和黄金价格发挥重要的影响。

另一个大宗商品交易中心是芝加哥。芝加哥期货交易所（CBOT）在建立初期是以农产品期货为主，随着农产品期货体系的逐渐完善，期货价格影响范围不断扩大，不仅成为美国农业生产和加工的重要参考价格，而且成为国际农产品贸易的权威价格。20世纪70年代，芝加哥市场敏锐捕捉到世界经济和金融形势的新变化，在芝加哥商业交易所（CME）和芝加哥期权交易所（CBOE）推出了债券、指数、黄金和白银期货交易品种，使芝加哥成为农产品、畜产品、工业品和金融衍生品的全球交易中心。

伦敦是最早的国际金融中心。它的商品交易从1880年伦敦金属交易所成立起，经过100多年的发展，现在已超越纽约成为全球交易霸主。伦敦金属交易所（LME）开展铜、铝、镍、锡、铅、锌6种基本金属期货期权合约交易。21世纪初又相继推出塑料期货合约和聚丙烯及聚乙烯合约交易。伦敦洲际交易所（ICE）前身是伦敦国际石油交易所，现在是全球能源领域领先的电子化期货期权交易所。伦敦国际金融期货交易所（LIFFE）是一个著名的国际衍生品交易机构，主要从事金融期货期权交易。伦敦三大交易所交易量已占全球交易量的15%以上。

纽约、芝加哥和伦敦三大商品交易中心，对全球大宗商品的资源配置和定价发挥着不可或缺的作用。除了纽约、芝加哥和伦敦这三个全球大宗商品和金融交易中心外，最近这些年，新加坡作为亚太地区的贸易中心也正在崛起，逐渐发展成为亚洲燃料油、橡胶和铁矿石的定价中心。

2. 三大资产定价交易集团。十多年来，全球大宗商品和资本交易呈现集中化和集团化趋势，通过并购已初步形成三大交易所集团。

芝加哥商业交易所集团，拥有全球老牌交易所，通过最近十多年的并购，目前芝加哥商业交易所（CME）、芝加哥期货交易所（CBOT）、纽约商业交易所（NYMEX）、纽约商品交易所（COMEX）等都成为其成员。交易品种包括农产品、能源产品期货，股指、外汇期货，金属类期货等。

洲际交易所集团，是一家全球领军的金融和商品期货交易所集团，拥有二十多家交易所，包括纽约股票交易所（NYSE）、泛欧股票交易所（Euronext N. V）、洲际交易所（ICE）、伦敦国际石油交易所（IPE）及美国、加拿大、欧洲境内的期货交易所。交易品种包括股票、股票期权、债券、外汇、利率、能源、农产品和贵金属期货等。

香港交易所集团，包括香港联合交易所（HKEX）及伦敦金属交易所（LME）。交易品种包括股票、股指期货、金属期货与期权、现货及衍生品等。

目前三大交易所集团加上欧洲的证券期货交易所，形成群雄鼎立的局面，许多国家和地区交易所都有被并购的可能。这种全球市场集中化和集团化趋势将会进一步发展，并将会对全球资本和商品定价权及资源配置产生重大影响。

（四）大宗商品国际贸易概况及中国的地位

1. 中国大宗商品国际贸易概况。21 世纪以来，全球大宗商品贸易规模呈逐年上升趋势，随着中国经济的快速发展，中国在全球大宗商品贸易领域的份额不断扩大，地位不断上升。据统计，2015 年全球石油产量 39 亿吨，贸易量 19.77 亿吨，中国进口 3.36 亿吨，占比 17%；全球铁矿砂产量 20 亿吨，贸易量 13.81 亿吨，中国进口 9.52 亿吨，占产量比 47.6%；全球铜产量 1928 万吨，中国进口铜 368 万吨，占比 19.38%；全球铝产量 5789 万吨，中国进口 15 万吨，消费约 3100 万吨，占产量比 53.5%；全球大豆产量 3.31 亿吨，大豆及豆粕贸易量 1.92 亿吨，中国进口大豆 8169 万吨，占贸易量比 42.54%；全球玉米产量 9.63 亿吨，贸易量 1.2 亿吨，中国进口 230 万吨，消费量 2 亿吨，中国消费占产量比 20.76%；全球天然橡胶产量 1231 万吨，中国消费量 355 万吨，国内产量 86 万吨，进口 273 万吨，进口占全球产量比 22.17%。

2. 中国大宗商品价格话语权缺失。从全球主要大宗商品生产、贸易和中国进口及消费量看，中国已成为全球大宗商品最大的生产国、消费国和进口国。然而，尽管我国是大宗商品的大国，但不是强国，在全球大宗商品定价领域，我国还缺乏话语权，基本上处于被动接受国际市场价格的状态。许多大宗商品定价权掌握在美欧等发达国家手中，比如石油定价在美国纽约和英国伦敦，农产品定价在芝加哥，铜定价在伦敦，橡胶定价在东京，铁矿定价在向新加坡转移。中国在全球大宗商品资源配置市场处于劣势地位，致使我国经济利益流失巨大，严重影响中国中下游产品成本，削弱了中国产品的国际竞争力。比如 2010 年我国进口铁矿石 6.18 亿吨，由于在谈判中处于不利地位，每吨平均价格上涨了 48.51 美元，当年比往年多付了 300 多亿美元，折合人民币 1980 亿元，造成经济利益大量外流，国内钢铁成本大幅上升。而 2010 年全国大中型钢铁厂实现的利润仅为 897 亿元，铁矿石涨价增加的成本是利润的 2 倍多。

再比如，2011—2013 年，由于国际大豆价格持续走高，中国大豆加工企业因高价采购，增加原料成本达 1200 多亿元，造成许多企业停产和破产。

3. 中国增强国际大宗商品领域的话语权是必然趋势。21 世纪，中国已成为世界经济的主角。中国参与经济全球化，既是中国经济发展的自身需要，也是世界经济发展的共同需要，既是中国得益于世界，也是世界得益于中国。在经济全球化的背景下，中国的发展一方面要求我们用好国内资源，保持持久发展；另一方面要求我们充分获取全球资源，为全球经济作出贡献。因此，从全球角度配置资源，是中国经济发展的必然选择。中国在全球资源的配置过程中，为了国家利益和经济安全，增强在国际大宗商品领域的话语权，接受国际竞争挑战，是不可回避的问题，也是必然面临的趋势。

二、大宗商品与国际经济关系

大宗商品领域是国际经济利益的交汇处，包含了复杂的国际经济关系。

（一）国际经济寡头与大宗商品的关系

大宗商品对国际经济有着独一无二的影响力。长期以来，寡头垄断成为大宗商品国际交易中的常见现象。国际经济寡头从产业链上不断加强对大宗商品的控制，现已基本上实现了对大宗商品整个产业链的控制。

1. 四大粮商垄断了世界 80% 的粮食贸易量。ABCD 四大跨国粮商控制了全球 80% 的粮食贸易，业务版图涵盖全世界近百个国家和地区，他们不仅控制了粮食贸易，还控制了许多大宗农产品，掌握了加工、仓储、运输及金融服务全产业链，成为大宗商品的经济帝国。ABCD 四大粮商，即 ADM（Archer Daniels Midland，总部在美国）公司，Bunge（邦基，总部在美国纽约）公司，Cargill（嘉吉，总部在美国明尼阿波利斯）公司，和 Louis Dreyfus（路易达孚，总部在法国巴黎）公司。

美国嘉吉公司是全球粮食行业最大的公司，它从储运起家，现在不仅有全球粮食贸易，而且业务涵盖粮食和农产品及食品加工销售、金融服务、通信技术、运输等广泛领域。它控制了农产品交易、运输、仓储、加工和金融及风险管理每个环节，形成了完整的供应链管理，目前业务版图扩展到全球近 70 个国家。特别是将农业与金融业结合，是嘉吉的一大特色。嘉吉旗下的金融机构，依托这一体系，为农业、食品、能源和金融等行业的客户提供风险管理和金融解决方案，借助金融服务，把全球众多客户掌控在自己手中。

ADM 公司，起步于美国偏远地区的一家小型企业，现已成为跨国粮食经营巨头。在粮食领域，它构建了"农场—储存—运输—加工—分配—销售"全产业链，最近十多年，扩展到"食品＋饲料＋生物燃料＋工业品＋全球粮食贸易体系＋全球涉农咨询"，成为全方位的跨国巨头。而且通过"金融＋农业"战略，搭建了一个涉及信托、银行、期货、投资咨询的金融体系，既延长了价值链，又为其自身业务发展提供了信息支撑和资本后盾。

美国的邦基公司通过把自己的化肥推销给农业生产者，随后收购这些农民的农产品，再加工成食品，构建了从田头到餐桌的产业体系。邦基公司自称只做三大产业：肥料、农业和食品，而就是这三大产业，造就邦基成为跨国粮食巨头。

法国的路易达孚公司，从粮食、油料、饲料、棉花等农产品贸易入手，布局肉类、食糖、咖啡等各种食品制造，现在还把触角伸到电力、天然气、石油及金融领域，构建了一个影响全球粮食和大宗商品的经济帝国。

2. 新老巨头主宰全球能源和基本金属领域。除了老牌的能源巨头埃克森美孚公司、雪佛龙公司、康菲石油公司、道达尔公司和英国石油公司之外，一些新兴的跨国贸易巨头正在崛起，如瑞士的嘉能可（Glencore），荷兰的托克（Trafigura），瑞士的维多（Vitol）等。它们持续扩大贸易规模，通过不断地并购，渗透并控制物流、生产、金融领域，从而进一步控制全球金属和能源等大宗商品。

瑞士的嘉能可公司，在短短的几十年里，通过一次次巨额并购，成为全球第四大矿业生产集团、第三大铜矿开采商和第四大镍矿开采商，还是全球最大的煤电贸易企业和铬铁生产商，最大的锌生产商。它建立了一套有别于传统大宗商品贸易的盈利模式，通过供应链金融服务，借助衍生工具获取高额利润。它现已超越高盛、摩根士丹利和摩根大通等著名华尔街投行，成为过去十多年全球最赚钱的公司之一。

荷兰的托克公司，更是一个年轻的大宗商品贸易巨头，它创建于1993年，目前在全球近60个国家布局，年销售额达到1300多亿美元。它经营非洲、南美洲、中东和亚洲等新型市场的油品中下游业务，经营美洲、非洲、欧洲和亚洲的金属、矿产、煤炭的仓储和物流业务，还把业务延伸到铜、钴、铅、锌等采矿领域。

瑞士的维多公司，也是一个新兴的全球最大的原油贸易公司。核心业务从大宗原油、成品油贸易到物流配送，从精炼生产、勘探到发电、采矿，年销售额达到3000多亿美元，从一家名不见经传的小公司，成为业务遍布全球能源市场的主力，控制着大宗商品的供应链。

（二）国际金融资本与大宗商品的关系

21世纪以来，大宗商品行业一直是国际金融资本所青睐的领域。2003年以前，美国的银行控股公司法是禁止银行参与非金融领域业务的，即只能允许交易大宗商品衍生品，不能交易实物。2003年，美联储主席格林斯潘开了此禁。此事缘于花旗银行。1998年花旗银行并购了旅行者集团，继承了旅行者集团旗下法布罗（Phibro）商品交易公司。2003年法布罗公司从美联储获准从事商品现货交易。于是花旗集团成为美国第一家从事商品现货交易的银行控股公司。随之而来的是，国际投行斥资收购交易所，控制仓储，控制实物现货，它们打通了金融衍生品市场与现货市场的通道，从全产业链上控制许多大宗商品价格，牟取大宗商品巨额利润，将各国变为资本统治的对象，以金融为武器瓜分国际市场。

1. 控制交易所。2012年，香港联合交易所收购伦敦金属交易所之前，伦敦金属交易所在很长一段时间都控制在国际金融资本手里，2011年以前最大单一股东是高盛公司。2011年摩根大通斥资2500万英镑收购了全球曼氏所持有的伦敦金属交易所4.7%股权，使摩根大通股权增至10.9%，成为伦敦金属交易所第一大股东。他们通过收购股权来控制交易所。

2. 控制仓储。为了控制大宗商品实货，高盛、摩根大通等国际投行和嘉能可、托克等公司争相收购仓库运营商。这些运营商都有伦敦金属交易所储存金属的资格。仅这四家公司的仓库中存储的金属一度相当于伦敦金属交易所库存的三分之二。当时伦敦金属交易所在全球共有719个交割仓库，其中摩根大通旗下的亨利·巴斯集团控制了77个，高盛旗下的MITS控制了112个。

3. 控制实物现货。摩根大通多年来沿着铜业上中下游产业链精心布局，通过设立金融化的现货铜交易基金（ETF）方式，占领实物高地。高盛和嘉能可等机构还囤积大量金属现货。

近年来，高盛、摩根大通、花旗、汇丰等国际金融巨头，通过各种隐蔽的代理人基金，将大量资金投入到了传统的铁矿石开采和流通领域，金融资本基本控制了世界三大铁矿商，掌握着很大的话语权。从铁矿石巨头力拓公司主要股东比例来看，汇丰银行占 14.12%，摩根大通占 10.59%，花旗占 2.29%。在另一个铁矿石巨头必和必拓公司股份中，汇丰银行占 16.08%，摩根大通占 11.62%，花旗占 4.81%。国际金融资本巨头汇丰银行、摩根大通、花旗银行、三井财团和澳大利亚投资基金实际掌控了国际三大矿商的大部分投票权，三大矿商控制着全球近 80% 的铁矿石海运贸易市场，而铁矿石主要进口地，亚洲为中国、中国台湾、日本和韩国，欧洲为英国、法国、德国、意大利四个国家，这 8 个国家和地区进口量占世界贸易量的 80%。国际金融寡头从生产、定价、交易掌握着铁矿石全球的供应链。

2014 年，美国的沃尔克法则实施后，国际金融资本虽然开始收缩和退出大宗商品现货业务，但仍致力于衍生品交易和贵金属等传统大宗商品业务。国际金融资本在大宗商品领域影响力仍然巨大。

（三）美元货币与大宗商品的关系

货币因素对国际大宗商品价格的影响越来越大。由于国际大宗商品主要以美元计价，因此，美元汇率波动影响国际大宗商品价格的波动。美元汇率和大宗商品价格长期看大体呈现出明显的负相关关系，美元贬值则国际大宗商品价格上升，美元升值则国际大宗商品价格下降。这种状况在国际期货市场上反映得尤其明显。美元汇率波动又与美联储的货币政策密切相关。如前些年受美联储量化宽松货币政策的影响，美元汇率指数一路贬值，而同一时期国际大宗商品价格持续上涨。

美元又是国际大宗商品主要结算货币，美国的国家意志又往往通过美元作为大宗贸易的结算货币体现。例如，1973 年第一次石油危机之后，美国与沙特达成一项协议，根据这项协议，沙特将美元用作石油定价的唯一货币，同时作为世界第一大石油出口国，沙特很轻易地说服了石油输出国组织也接受美元作为唯一的石油交易货币。于是形成了现行的"石油美元"体制。"石油美元"计价机制意味着在原油市场上购买石油时必须使用美元，而美元发行由美国政府控制。由此，美国就可以通过国内货币政策（利率、汇率等）影响、操纵国际油价，由美元支付结算体制掌控国际贸易中的石油定价权。

长期以来，国际金融资本利用美元作为大宗商品计价货币和结算货币，伴随着美国的货币政策，在大宗商品市场兴风作浪，形成美元对大宗商品价格的影响，从而引导资本在大宗商品与美元资产之间转换，从中攫取巨额利益。

三、定价权之争与大宗商品定价模式

在国际大宗商品领域，围绕着国家利益和资本利益的竞争，主要体现在对资源掌控和对定价权的主导上。因此，大宗商品定价权之争，是国际竞争的集中表现。

（一）国际大宗商品定价权之争

国际大宗商品定价权之争，是指国家或大企业之间争取对大宗商品价格主动权或影响力的博弈。国际大宗商品定价权之争表现在三个方面。

第一方面，是占有较高市场份额和较强市场垄断地位的行业龙头企业和垄断资本，通过掌控资源坐享定价权所带来的垄断利润。

第二方面，**美欧发达国家利用金融资本集团掌控的期货交易所作为**

定价中心，在国际定价规则框架下，影响和左右大宗商品的国际基准价格，牟取巨额利益。

第三方面，国际金融资本和国际经济寡头利用在全球供应链上占据的有利地位，掌控国际现行定价规则修改的主导权，通过修改规则，从制度上作出有利于垄断方的安排。铁矿石定价机制从长协改为指数定价就是典型案例。

因此，国际大宗商品定价权之争，既是实力博弈，更是规则博弈。定价权下的定价机制已经演化为一种能够影响和控制市场行为主体的制度性权力。

（二）影响国际大宗商品价格的主要因素

国际大宗商品价格是国际经济复杂关系表现，诸多因素影响和决定大宗商品的价格。对大宗商品价格的主要影响和决定因素有以下几点。

1. 大宗商品供需关系。从理论上讲，供需关系应该是决定大宗商品价格的最主要因素，但是由于大宗商品领域的复杂国际经济关系，供需关系往往难以成为国际大宗商品价格的最重要因素。大宗商品领域经济寡头和国际金融资本影响因素的作用往往要大于供需因素。

2. 美元汇率和美国政府的货币政策。在美元成为大宗商品计价货币和主要结算货币的条件下，往往是美国政府的货币政策影响美元汇率，美元汇率影响大宗商品价格。

3. 大宗商品期货价格。由于大宗商品国际贸易定价大都以期货价格为基准价格，而国际期货市场又受到国际金融资本的控制，因此，大宗商品价格无疑是受期货市场左右的，期货价格成为影响大宗商品的基础价格。

4. 航运价格。航运价格既受到航运市场供求影响，又受到航运指数期货价格的影响。航运指数价格背后，又是国际金融资本在控制期货价格。

5. 大宗商品企业的股东。国际大宗商品具有寡头垄断性质，这些商品生产企业和供应链上的股东，对价格影响巨大。如控制大豆等农产品的是美欧国家农业巨头，控制铁矿石的是美国、英国、澳大利亚和日本资本，控制石油的是美国和英国资本集团。

6. 大宗商品生产成本。包括大宗商品生产、勘探、开采等设备设施，人工，税收，销售和管理成本等。

（三）大宗商品定价模式的演变

全球大宗商品的定价模式是处于变化之中的，在不同定价模式下，生产商、消费者、贸易商以及金融机构等不同群体的话语权也随之变化，这里以石油、铁矿石和大豆为例作介绍。

1. 原油定价模式的演变。原油定价模式从20世纪50年代以来，经历了四个阶段的变化。

第一阶段，20世纪50年代。原油产业链被西方跨国石油公司控制，"石油七姐妹"（埃克森、英荷壳牌、雪佛龙、德士古、英国石油、美孚石油和海湾石油七个公司）控制了世界石油勘探、开采、运输、提炼和贸易全过程。这些跨国公司利用垄断力量决定石油价格，它们通过压低产油国价格，获得巨额利润。

第二阶段，20世纪60～70年代。60年代初由伊朗、伊拉克、科威特、沙特阿拉伯和委内瑞拉五国成立石油输出国组织，以提高自身议价话语权，对抗西方石油公司。石油输出国组织成立后，同西方跨国石油公司进行斗争，陆续收回了西方集团控制的石油资源及垄断权力，制定公布OPEC"官价"，此价格成为当时国际原油的定价基础。

到1971年，石油输出国组织与西方石油公司签订《德黑兰协议》和《的黎波里协议》，标志着西方跨国石油公司单方面决定原油价格时代结束。

第三阶段，20世纪80年代。随着石油输出国组织产量增长，"官价"体系影响力下降，1986年，石油输出国组织放弃以自产原油为基准的"官价"，开始以世界七种原油的平均价格为参考价。该组织成员国再根据本国原油的质量和运费调整价格。

第四阶段，20世纪90年代。随着石油长期合同和远期交易规模的扩大及占比的提高，原油价格开始逐步与远期市场价格挂钩，于是原油期货价格逐渐成为原油定价基准价格，并在此基础上加上一定的升贴水，作为定价模式确立起来，形成了目前的原油定价模式。

2. 铁矿石的定价模式的演变。铁矿石定价模式从20世纪50年代以来，大体经历了三个演变阶段。

第一阶段，20世纪50年代之前，国际铁矿石市场的交易规模相对较小，交易主要以现货贸易为主，价格上采用现货价格交易方式。

第二阶段，从20世纪60年代开始，全球铁矿石贸易规模不断扩大，铁矿石供需变得日趋紧张，供需双方为了维护自身利益，纷纷增强了谈判力量，铁矿石谈判机制逐步确定下来，到80年代形成了年度定价长协机制。长协机制是主要供需双方经过协商确定下一个财政年度的铁矿石价格，双方执行。其他供应商和需求商对这一价格进行确认并跟随。

第三阶段，2010年起，淡水河谷、必和必拓和力拓公司等主要铁矿石供应商先后宣布放弃长协机制，年度定价长协机制开始瓦解，国际铁矿石定价转而实行季度定价机制。季度定价机制改变了一年一度的铁矿石谈判模式，采用指数定价方式，即每一季度的价格确定以上一个季度铁矿石价格指数作为基础。这一定价方式使国际铁矿石价格波动变得更加频繁。

3. 大豆定价模式的演变。20 世纪 60 年代以前，国际大豆贸易大多采用一口价定价模式。在一口价模式下，买卖双方在签订合同时即确定价格。这种定价模式操作简单，交易价格相对明确。但缺点是买卖双方确定价格后，都面临较大的风险，卖方面临市场价格上涨的风险，买方面临市场价格下跌的风险，特别是海运贸易，运输时间长，价格的不确定性很大。

20 世纪 60 年代以后，国际大豆贸易开始实行以基差定价为主的定价模式。为了锁定买卖双方的价格风险，随着大豆贸易量的扩大和期货市场的发展，生产商和贸易商采用基差定价模式。基差定价模式是指买卖双方以"期货价格 + 基差"，作为双方交货的交易价格。一般卖出方报基差价格，买卖双方确认，买入方在货物交收前在期货市场选择期货价格。

基差定价模式现在已成为包括大豆、小麦、玉米等在内的大宗农产品国际贸易定价方式。

（四）现行大宗商品的主要定价模式

国际上目前对大宗商品主要有两种定价模式。一种是以期货价格为基础的定价方式，另一种是主要由供需双方协商的定价方式。

1. 以期货价格为基础的定价模式。这种模式下，大宗商品交易双方以"期货价格 + 基差"确定交易价格，交易的最终价格包括期货价格和基差，其中占比较大的基础价格即期货价格由公开市场形成，相对透明度较高，占比较小的基差协商形成。在交易过程中，买卖双方还在期货市场做相应的对冲交易来锁定成本和利润，一定程度上有利于控制价格风险。在大宗商品贸易的实际业务中，一般期货价格由买方点价选择，基差由卖方报价，在形式上买卖双方都拥有一定的定价话语权。

目前，原油、铜、大豆、小麦、玉米等大宗商品普遍采用以期货价格为基础的定价方式。国际原油定价一般采用纽约商品交易所和伦敦洲际交易所原油期货价格,铜精矿和阴极铜通常用伦敦金属交易所或纽约商品交易所的期货价格,大豆等农产品一般以芝加哥期货交易所期货价格为基础价。

2. 协商定价模式。大宗商品协商定价模式中,具体操作形式主要有一口价定价、均价定价和长协定价。

一口价定价是指买卖双方在交易前就确定价格。这种方式优点是定价方便简单,价格明确,缺点是从确定价格到交货这一时段中,由于价格处于被动状态,交易双方都面临价格风险。

均价定价是指买卖双方以事先约定好的一定时间内该商品现货价格的平均值为基准确定双方交易的最终价格。该方法优点在于可降低价格波动幅度,一定程度上缓解风险。缺点是现货价格采样困难,若采样不当,对最终价格影响较大。习惯上,人们把 2010 年以后铁矿石贸易采用的指数定价也归到这一类。

长协定价是指买卖双方签订长期合同,约定价格在一定时期内固定不变。该方式的优点是价格稳定,有利于长期贸易合作,但缺点是当现货市场价格反向变化幅度大时,一方需承担额外风险。

长期以来,两种定价模式由于受到国际经济寡头和国际金融资本的渗透和主导,实质上国际大宗商品价格话语权掌握在美欧国家及其资本集团手里,世界上大多数国家和企业处于被动接受的状态。

四、我国在国际大宗商品定价领域的地位分析

中国是现阶段全球最大的大宗商品生产国、消费国和进口国,但大宗商品定价权基本掌握在美欧国家手里。由于我国在大宗商品定价领域规则能力、话语权能力缺失,谈判能力不强,只能被动地接受国际价格和国际规则,造成经济利益的大量流失。

（一）我国在国际大宗商品领域缺乏参与制定规则的能力

以铁矿石定价机制为例，可以明显看到我国参与制定国际规则能力的缺失。20 世纪 80 年代以来，铁矿石实行年度定价长协机制。一般情况下，现货贸易价格高于长协价格，21 世纪以来，由于现货贸易量不断扩大，国际铁矿石巨头开始摆脱年度定价长协机制。2010 年，淡水河谷、必和必拓和力拓公司先后宣布放弃长协机制，实行季度定价机制，并采用普氏等指数定价模式。但由于目前普氏指数定价模式具有一定的缺陷，对我国铁矿石进口价格造成很大的威胁，面对这一状况，我国钢铁企业只能被动地接受这一规则的变化。

1. 普氏指数透明度低。普氏指数的形成过程为该公司在伦敦、新加坡等地的分析师通过电话和即时通信工具，与市场参与者交流关于交易、询价和报价信息，在每个工作日结束时（对于亚洲市场，为北京时间 18 时 30 分），普氏的分析师对在该时间之前收集的信息进行评估，从而形成当天的指数价格。然而，普氏并不向外界公布其指数的具体核算方式。

2. 普氏指数更多反映的是矿商报价。目前国际通行的铁矿石指数除了普氏之外，还有环球钢讯（SBB）的 TSI 指数和金属导报的 MBIO 指数。而普氏指数对应的铁矿石报价在三种指数中最高，其原因是在普氏的计算体系中，矿商报价的份额最高，所以普氏指数定价更多反映的是矿商利益。

3. 普氏指数存在被操纵的可能性。普氏每天都在寻找最高的买方询价和最低的卖方报价来评估当天的指数价格，而不关注报价能否真正成交。即使市场收市前有成交，但如果在成交之后至 18：30 前出现更有竞争力的询价或报价，则此价格同样将成为普氏评估当天估价的主要依据。在这种情况下，以没有达成交易的价格作为评估价格来确定铁矿石的季度价格，存在不科学和不合理的状况，极易被操纵。

因此，中国钢协等单位曾公开对普氏价格指数表示异议。然而，由于包括铁矿石价格在内的国际大宗商品定价的话语权和定价规则制定权不在中国人手里，我国企业往往屈从于这些国际定价规则，只得接受这些模式。

（二）我国在国际大宗商品市场缺乏价格和信息话语能力

以大豆为例，2003—2004 年，我国大豆进口和压榨企业遭受巨大损失，可以充分说明我国在大宗商品国际市场缺乏价格和信息话语能力。2003 年 8 月美国农业部宣布由于天气原因，当年大豆种植量将大幅减少。与此同时，掌握大豆国际市场价格的国际金融资本炒家利用该信息，采用期货交易工具，推动大豆价格持续上涨。此时，受到媒体大力宣传的影响，中国的大豆压榨企业由于恐慌心理，到 2004 年 3 月短短几个月时间就抢买了 800 多万吨高价位大豆。然而没过多久，美国农业部又调高大豆产量预测数据，国际金融资本紧跟着反手做空，国际大豆市场价格突然直线下跌。由此造成国内压榨企业巨额亏损，有近70% 的工厂停产和濒临倒闭。这时，国际粮食巨头邦基等公司又到中国收购了一批停产和濒临倒闭的压榨工厂。这场由美国农业部主导，国际金融资本和粮食寡头参与的信息战和价格战，使中国企业遭受巨大损失。

（三）我国在大宗商品领域的企业规模小，实力弱，谈判能力低下

目前，我国很多行业存在企业多、规模小，实力弱的问题，在大宗商品的经营领域，产业集中度低、产能分散等问题更是对定价话语权产生不利影响。以钢铁行业为例，2008 年我国有钢铁企业 1000 多家，近几年通过兼并重组和去产能工作，企业数量有所减少，但仍有几百家企业。2014 年钢铁企业前十位产量占全行业的 35.66%，前三位钢铁企业产量占全行业的 15%。而日本前三位钢厂市场份额是 67%，韩国前三位市场份额是 89%。前些年我国铁矿石进口长协年度谈判由全国钢铁

协会出面，但几十家中小钢铁厂常常会绕开钢铁协会，自己去与国外铁矿公司谈判，以至于我国钢铁企业在铁矿石价格谈判中处于非常不利的地位，造成国家整体利益的损失。

五、增强中国在大宗商品领域国际价格话语权的对策

中国是经济全球化的重要参与者、贡献者和受益者，中国的发展，既要更大限度地利用国内资源，也要更加积极地利用国际资源。大宗商品是国际资源的重要组成部分，更好地利用国际资源推动中国经济的发展，为世界经济作出贡献，需要我们积极对策，增强在国际大宗商品领域的话语权。

1. 从国家战略的高度参与大宗商品的国际竞争。加入大宗商品领域的国际竞争，是中国参与经济全球化，更好地利用国际资源推动中国发展的重要任务。因此，我国必须从全球视野和国家战略的高度自觉行动，有所作为。按照国家战略和国际竞争的需要，布局国际资源产业，打造全球产业链，建设面向国际的商品市场，建设适应国际竞争的人才队伍，使中国经济与世界经济更好地融合。

2. 加快资源产业的全球布局和全球配置。中国是一个消费大国和制造大国，未来中国还是一个资本输出大国。为了使中国更好地融入经济全球化，我国需要充分利用国内和国际两种资源，利用中国丰富的人力资源、制造技术和创新创造能力，通过中国的发展，造福于中国人民和世界人民。基于这样的目标和能力，我国要加快对全球资源利用的布局，有效利用全球资源，从全球角度配置中国的资源，实现中国发展与世界发展的结合。

3. 加快培育本土跨国公司和产业巨头。增强我国企业的国内和国际竞争力，一方面要通过兼并重组，提高国内行业集中度，改变许多行

业存在的企业多、小、散、弱局面，增强抗衡风险的能力。另一方面要通过市场和政策引导，培育打造一批中国本土的跨国公司和产业巨头，通过整合产业链，增强国际竞争力，提高全球经营能力。

4. 加快建设面向国际的期货市场。结合国内自贸区建设，逐步开放国内的期货市场，推出一批面向国际化的期货等衍生品品种，形成系列，为大宗商品交易提供基础价格，为套期保值提供对冲工具。同时，大力采用对大宗商品的人民币计价和结算，积极推进人民币的国际化。把中国期货市场建成国际大宗商品的定价中心，提高中国在国际大宗商品领域的话语能力。

5. 积极顺应全球商品市场和资本市场集中化和集团化趋势。抓住中国商品市场和资本市场发展的机遇，组建中国交易所集团，将国内现有的证券、期货和股权交易所优化重组，并积极参与国外交易所的并购重组，形成全球性的大交易所集团，争取全球商品市场和资本市场的定价话语权，使中国成为真正的全球资产定价中心。

6. 主动参与国际经贸规则的制定。长期以来，国际经贸规则都是美欧经济大国制定的，我国只能被动接受这些规则，致使中国在国际经贸等领域话语权低下。当今世界，随着中国经济的崛起和国际地位的提高，我国要主动参与到国际经贸规则的制定之中，通过参与规则制定，保护国家和中国企业的利益，保护发展中国家的利益，避免在规则中受制于人。

附录三 改革开放初期部分期货交易所（市场）管理规定和交易规则

1. 郑州粮食批发市场交易管理暂行规则

2. 郑州粮食批发市场交易管理暂行实施细则

3. 郑州商品交易所期货交易规则

4. 深圳有色金属交易所管理暂行规定

5. 深圳有色金属交易所交易规则

6. 上海金属交易所管理暂行规定

7. 上海金属交易所规则（试行）

8. 上海粮油商品交易所管理暂行规定

9. 上海粮油商品交易所期货交易业务试行规则

郑州粮食批发市场交易管理暂行规则

第一章　总　则

第一条　为了发展社会主义有计划商品经济，把计划经济和市场调节有机结合起来，根据国务院批准试办郑州粮食批发市场的文件精神，制定本规则。

第二条　郑州粮食批发市场（以下简称郑州市场）是商业部和河南省人民政府合办、面向全国的省际间议价粮食交易的重要场所。

第三条　郑州市场的交易实行公开、平等、公正的原则，是竞争性、规范化的市场。

第四条　郑州市场是非营利的服务性事业单位。

第五条　郑州市场的交易以粮食现货批发交易为主，开办远期批发交易，组织部分合同在场内有规则地转让。

第六条　郑州市场的工作人员和交易人员必须遵守国家法律、政府法令和政策，必须遵守本规则。

第二章　领导机构

第七条　郑州市场的领导机关是商业部和河南省人民政府。

第八条　商业部会同财政部、农业部、铁道部、国家经济体制改革委员会、国务院发展研究中心、国家工商行政管理局、国家物价局、国家税务局成立协调领导小组，协调处理郑州市场运行中所涉及的部门、地区之间的关系和问题。协调领导小组在商业部中国粮食贸易公司设置办公室，处理日常工作。

第九条 商业部对郑州市场行使下列职权：

（一）审批交易会员；

（二）审定交易品种、交易方式；

（三）会同国家物价局确定交易的年度指导价格；

（四）通过省（自治区、直辖市）粮食主管部门核定会员企业年度指导性购买配额；

（五）派出驻场特派员，对郑州市场进行监督指导。

第十条 商业部、河南省人民政府组织河南省粮食、工商、物价、金融、财政、计划、税务、铁路、交通等部门同商业部粮食综合司、粮食管理司、粮食储运局、财会物价司、基建司、商业信息中心和中国粮食贸易公司联合成立郑州市场管理委员会，行使政府对市场的监督和管理职能。负责协调处理郑州市场重要的交易和管理问题。市场管理委员会在河南省粮食局设置办公室，处理日常工作。

第三章　工作机构

第十一条 郑州市场实行主任负责制，主任和副主任由河南省人民政府按干部管理权限任命。

第十二条 郑州市场设置下列职能工作机构：

（一）综合部：负责协调市场的日常行政工作。

（二）交易一部：负责现货和远期合同成交。

（三）交易二部：负责合同转让。

（四）信息部：负责统计、分析和发布市场信息，以及市场信息系统的建设和管理工作。

（五）结算部：负责审查会员资信，收取交易保证金和手续费，协助买卖双方结算。

（六）交割部：负责签发准运手续，监督实物交割，协调处理货物交割过程中的商务事故。

（七）公关部：负责宣传、联络、教育和培训工作。

（八）监察部：负责监督、调解和处罚。

第十三条 郑州市场主任根据需要可以组织成立临时工作小组。

第四章 会 员

第十四条 郑州市场实行会员制。

第十五条 符合条件的粮食商业批发企业、粮食生产企业和以粮食为原料的加工企业，均可申请为会员。

第十六条 会员必须具备下列资格：

（一）具有独立法人资格、自主经营或购销粮食的经济实体；

（二）拥有资本金 30 万元以上；

（三）年度能提供或购买议价粮食（小麦或面粉折小麦）250 万公斤以上；

（四）有两年以上经营或购、销议价粮食业务的经历，并能守法经营；

（五）拥有或租用与其粮食经营业务相适应的设施；

（六）商业信誉好，有县、市以上工商、银行、税务和审计部门的证明。

第十七条 凡具备第十六条规定资格的企业，均可向省、自治区、直辖市粮食主管部门提出申请，经省、自治区、直辖市粮食主管部门初审后，报送郑州市场管理委员会复审，经商业部批准后，到市场登记、注册，取得会员资格。

第十八条 郑州市场的交易会员分为下列两种：

（一）粮食经营企业会员可以从事自营买卖和代理买卖；

（二）粮食生产企业会员只能销售自产粮食，不能购进；粮食加工企业会员只准购进所需原料，加工成品出售，不准转销原料粮。

第十九条　会员有下列权利：

（一）直接进场交易；

（二）享受市场提供的信息服务；

（三）对市场各项交易规则、制度有权提出修改、补充意见；

（四）对市场交易活动和管理服务工作有监督、建议、批评权。

第二十条　会员有下列义务：

（一）严格履行交易合约；

（二）接受市场的监督和管理，遵守市场各项规章制度；

（三）向市场交纳一次性资格保证金一万元人民币。

第二十一条　会员可委派一至三名出市代表进场交易。出市代表的条件是：

（一）必须是会员单位正式职员，具有一定的粮食业务知识；

（二）必须经过指定单位举办的批发市场专业知识培训，取得合格证书；

（三）没有任何经济犯罪和刑事犯罪记录。

第二十二条　凡符合第二十一条规定条件者，须持所在企业法人代表委托书，经郑州市场管理委员会审查批准，发给出市代表证书，方可进场交易。

第二十三条　出市代表证书不得买卖、转借、涂改、伪造。

第二十四条　出市代表全权负责所代表企业在场内的交易活动，所签合同具有法律效力。

第二十五条　会员变更法人代表时，在变更后一个月内向郑州市场管理委员会备案。变更或增加出市代表须提前十五天向郑州市场管理委员会备案。原出市代表在了结各项手续后退场。

第五章 会员协会

第二十六条 郑州市场的会员成立会员协会。会员协会是自我教育、自我管理、反映会员意见、维护会员权益的组织。

第二十七条 协会理事由会员代表大会选举产生。理事会由十五名协会理事和公共理事组成。理事会选举产生会长一名，副会长若干名。

第二十八条 会员协会具体章程由会员协会根据第二十六条、第二十七条规定另行制定。

第六章 交易规则

第二十九条 郑州市场的开市品种为小麦（含面粉），新增品种由商业部审批。

第三十条 郑州市场的交易采取三种形式：

（一）现货交易，即六个月以内交割的交易；

（二）远期合同，即六个月以上不超过十二个月交割的交易；

（三）合同转让，即在场内的合同转让。

第三十一条 郑州市场设置相应的交易厅及其交易设施。会员在郑州市场的交易活动一律在交易厅内进行，禁止厅外成交。

第三十二条 郑州市场的现货、远期合同和合同转让交易，市场确认后具有法律效力。交易达成后买卖双方必须严格履约，在未经法定程序变更以前，卖方不得拒售，买方不得拒收。

第三十三条 郑州市场的成交方式为拍卖和协商买卖两种：

（一）拍卖，即由卖方提前向市场提交拍卖品种、数量、质量、样

147

品、交货地点、交货时间、运输方式、包装价格等资料和实物，由市场统一组织拍卖。

（二）协商买卖，即由买卖双方在场内协商定价，签订合同，经市场登记确认，合同生效。

第三十四条　郑州市场的成交合同有下列两种：

（一）标准化合同；

（二）非标准化合同；

合同样式由市场统一制定。

第三十五条　合同的转让，必须在交割期两个月以前由郑州市场公开组织进行。合同的转让一旦达成，履行合同的权利和义务随之转移。

第三十六条　粮食品种质量、粮食包装物按国家标准或专业标准（部颁标准）执行。

第三十七条　郑州市场实行国家指导性年度购买配额制。年度配额在 5000 万公斤以上的省、自治区、直辖市购买粮食，一个月的购买量不得超过年度配额总量的三分之一。

第三十八条　出市代表和工作人员进场须着专用交易工作服装。

第七章　价　格

第三十九条　郑州市场的法定报价货币为人民币，粮食计量单位为公斤，报价单位为元、角、分、厘/公斤，叫价幅度为 1 厘/公斤。

第四十条　现货和远期合同成交的价格不得突破国家指导价格的上限和下限。

第四十一条　郑州市场每一个开市日的成交价格，不得高于或低于前一个开市日平均价的一定幅度，突破价幅限制时，市场停市。市场每一个开市日价幅的制定、调整和公布由郑州市场管理委员会负责。

第四十二条　郑州市场的成交价格、成交数量等信息征得有关主管部门同意后，由市场统一发布。

第八章　结　算

第四十三条　在郑州市场成交的合同，实行市场监督下的买卖双方自行结算制度。在条件允许的情况下，买卖双方可委托市场代办结算。

第四十四条　郑州市场实行基础保证金、追加保证金制度：

（一）基础保证金，即买卖双方在每成交一笔交易后，按成交金额的5‰～10‰向市场交纳。

（二）追加保证金，即当粮食市场价格发生大幅度波动，基础保证金已不能有效保证履约时，市场可根据价格升降情况向买卖双方或某一方收取追加保证金。

第四十五条　基础保证金和追加保证金用于保证合同的履行，合同履行无误后，市场将保证金的本息归还交纳者。

第四十六条　买卖双方在合同成立后，各按成交金额的1‰～1.5‰，向市场交纳交易手续费。不同时期的手续费具体执行数额由市场管理委员会根据市场情况和批发市场提供的服务情况确定。

第九章　交　割

第四十七条　郑州市场成交的合同实行实物交割。货物在合同所确定的火车站车板或港口船舱交货。

第四十八条　在合同规定的交割期前两个月，由卖方持市场管理机构签发的准运证向当地粮食调运主管部门申报运输计划，安排运输。郑州市场暂时代办向河南省外发运粮食的运输计划。

第四十九条　买卖双方必须严格按照成交样品的等级、规格、质量交收货物，否则按违约处理。

第五十条　货物交割中的商务事故按照商业部《粮油调运管理规则》的有关规定处理。

第十章　代　理

第五十一条　作为会员的粮食商业批发企业有权从事代理业务。

第五十二条　会员所进行的代理业务必须向市场申明，交验代理协议。自营和代理业务的账务必须分开。

第五十三条　市场只对会员负责，代理者必须对被代理者全面负责。

第五十四条　被代理者可以自由选择代理者，代理的条件由代理者和被代理者本着公正、合理的原则协商确定，签订代理协议。

第五十五条　代理者可以向被代理者收取代理佣金，佣金限额（含向市场交纳的手续费）最高不得超过成交金额的4‰。

第五十六条　市场有权对代理业务进行检查监督。

第十一章　监督、调解、处罚

第五十七条　郑州市场必须积极、严谨、高效为会员服务，凡是由于市场工作人员失职、渎职给会员造成的损失，完全由市场予以赔偿。

第五十八条　郑州市场的工作人员必须主持公道、清正廉明，对于徇私舞弊、违法乱纪者，按照对干部、职工的管理权限，由有关部门予以处理。

第五十九条　交易者不严格履行合同所定各项内容的，均为违约。发生违约，首先由买卖双方协商解决，当双方不能达成一致意见时，由市场依法予以调解。调解不服者，按法定程序由有关执法部门处理。

第六十条　合同的变更和解除由买卖双方依法协商处理，变更和解除情况报市场备案。

第六十一条　市场建立会员交易档案，定期审查、公布会员的履约情况，鼓励会员信守合同，严格履约。

第六十二条　出市代表必须持证进场交易，必须遵守市场的各项交易规则，接受市场监督。

第六十三条　出市代表必须遵守下列规则：

（一）不准扰乱和影响场内正常的交易秩序；

（二）不准操纵、垄断市场；

（三）不准私下秘密交易；

（四）不准冒名顶替；

（五）不准伪造、转借、涂改、买卖各种交易凭证和文件。

第六十四条　凡违反第六十三条的条款之一者，除需提交有关执法部门处理的以外，市场有权视情节轻重，给予处罚。

第六十五条　郑州市场对会员和出市代表的资格实行年审制，并记录备案。

第十二章　附　则

第六十六条　郑州市场管理委员会可根据本规则制定实施细则。

第六十七条　本规则的解释权归商业部和河南省人民政府。

第六十八条　本规则自发布之日起施行。

注：本规则由商业部、河南省人民政府（90）商贸粮联字第209号文于1990年9月28日发布。

郑州粮食批发市场交易管理暂行实施细则

第一章 总 则

第一条 根据《郑州粮食批发市场交易管理暂行规则》的有关规定，制定本细则。

第二条 本细则适用于郑州粮食批发市场（以下简称郑州市场）会员在本市场的一切交易活动。

第三条 郑州市场的会员和工作人员必须遵守本细则。

第二章 交易地点、时间

第四条 郑州市场暂设于河南省郑州市嵩山南路22号。

第五条 开市日为每周的星期一、星期三、星期五。开盘时间为9:00~11:00；15:00~17:00。国家法定节假日（元旦、春节、国际劳动节、国庆节）除外。

第三章 交易品种和质量标准

第六条 郑州市场的开市品种为各类、各等级小麦和面粉。带有传播性病毒的粮食不准在郑州市场交易，种籽粮不在郑州市场交易。

第七条 上市粮食的品质等级按现行国家标准的规定执行，没有国标的按部颁标准执行，没有国标、部标的按卖方地方标准执行。

标准等级以外的粮食由买卖双方协商确定。

第四章　交易方式

第八条　郑州市场的交易方式为拍卖和协商买卖两种，交易者均可利用。在每场交易中先拍卖，后协商买卖。两种交易方式均须在市场交易厅内进行。

第九条　由卖方提前二至五天向市场交易部提交：

1. 拍卖委托书。内容包括：（1）拍卖总量；（2）拍卖起点数量和品种、质量；（3）交货时间；（4）交货地点；（5）运输方式；（6）自营或是代理；（7）结算方式；（8）包装及包装价格；（9）拍卖起点价格，起点价格必须参照近日限制价幅填报，若起点价格超出拍卖日限制价幅时，市场不予拍卖。

2. 拍卖样品。按现行粮食检验取样规定提交样品 2 公斤，作为审核质量等级的参考依据。

第十条　市场在受理卖方拍卖委托后，通知卖方出市代表该批粮食的拍卖时间。卖方出市代表届时必须到场参加拍卖。

第十一条　拍卖顺序按交割月份由近及远依次排列。同一月份的拍卖按提交委托书的先后依次进行。

第十二条　市场提前一天在市场内公布下一拍卖日的拍卖顺序、时间、数量、质量、交割期等相关资料。

第十三条　卖方在开市 30 分钟前，可以调整拍卖起点价格和起点数量，但调整不得超过两次。

第十四条　每场拍卖前，在交易厅内展示样品，用醒目字牌标明卖方的代号和样品的产地、品种、等级、数量、交货时间、交货地点、交货方式、结算方式、包装及包装价格等相关资料。

第十五条　凡是有购买权的会员，其出市代表均可着交易市场专用服装、持证进场交易。

第十六条 拍卖由交易主持人主持，由记录员、卖方出市代表和市场监督人员予以协助。

1. 主持人负责叫价和成交拍板。

2. 记录员记录成交双方代号、成交价格、品种、数量、时间等内容。

3. 卖方出市代表临场协助拍卖，必要时做出选择决定。

第十七条 拍卖时，由主持人根据卖方所报起点价格，由低到高叫价，价格的上升幅度最低为1厘/公斤。

第十八条 叫价后，有意购买者高举左手示意。如有两位以上买主举手示意购买，价格继续上叫，直至叫到只有一人举手示意购买时，由购买者报出自己的代号和购买数量，停留30秒钟，主持人拍板宣布成交。

第十九条 当叫至某价位，有两位以上买方举手，而叫至下一个价位，无人举手示意购买时，由卖方出市代表按买方所报数量多少为序，依次成交。

第二十条 买方的购买数量必须在卖方拍卖起点数量之上（包括起点数量）。

第二十一条 买方的购买数量少于拍卖总量，但多于或等于起点数量时，在举手示意购买的同时，喊出购买数量。

第二十二条 拍卖成交后，由传递员携带拍卖记录、带领买卖双方到签约间，在签约监督员的监督下，当即签订合同。

第二十三条 协商买卖是买卖双方在交易厅内本着自愿、平等的原则，通过协商达成的交易。

第二十四条 协商买卖在市场统一组织安排和参与下进行。

第二十五条　买卖双方协商议定的价格，不得超过当日价幅限制。

第二十六条　买卖双方协商达成交易后，到签约间，在签约监督员的监督下，当即签订合同。

第五章　价格和价幅

第二十七条　郑州市场的拍卖价格为发货站车板、港口船舱交货价格，协商买卖的价格形式由买卖双方议定。

第二十八条　每一开市日的价格限制幅度由市场管理委员会根据国家有关政策和市场供求情况以及前一开市日的价格水平确定，提前一天公布。

第六章　购买配额

第二十九条　郑州市场实行购买配额限制。各省、自治区、直辖市会员企业在本市场的购买总量不超过商业部所核定的指导性购买配额总量限制。

年度配额在1000万公斤以下的会员允许在一个月内购完；年度配额在3000万公斤以下的会员月购买量不得超过年配额的1/2；年度配额在3000万公斤以上的会员月购买量不得超过年度配额的1/3。

第七章　合　同

第三十条　合同期限为一至十二个月。六个月（含六个月）以内的合同为现货合同。六个月以上、十二个月（含十二个月）以内的合同为远期合同。

第三十一条　合同单位数量为50吨，成交量必须是50吨的整倍数。

第三十二条　交割月份的每日均为交割日。

第三十三条　合同式样由郑州市场统一规定、统一印制。

第三十四条　郑州市场认可合同的主要依据是：

1.《中华人民共和国经济合同法》；

2.《农副产品购销合同条例》；

3.《郑州粮食批发市场交易管理暂行规则》和本细则的规定。

第八章　保证金和手续费

第三十五条　资格保证金：会员企业在郑州市场注册登记时，交纳一次性资格保证金一万元人民币。自动退出市场、终止会员资格时，资格保证金本息如数退还。

第三十六条　基础保证金：合同签订后，买卖双方必须在五日内到市场结算部交纳基础保证金。否则，市场取消合同认可。

基础保证金的收取数额为成交金额的5%～10%。

第三十七条　追加保证金：自合同生效之日起到交割日止，如果市场价格发生较大幅度波动，基础保证金不能有效保证履约时，市场有权向买卖双方或某一方收取追加保证金。买卖双方或某一方在收到交纳追加保证金的通知后，必须在2日内如数汇出应交数额。否则，按违约处理。

第三十八条　在合同签订后五日内买卖双方各按成交金额的1‰～1.5‰向市场结算部交纳手续费。不同时期手续费的具体执行数额由市场管理委员会根据市场情况和批发市场所提供的服务情况确定。

第九章　代　理

第三十九条　粮食经营企业会员可以从事代理业务，但不得代理非粮食经营、生产和加工企业。会员单位的任何个人和出市代表均不得以个人名义从事代理业务。

第四十条 被代理者自由选择代理者。代理的条件本着公正合理的原则，由双方协商确定，签订代理协议。代理者必须对被代理者负责。

第四十一条 代理者可以向被代理者收取代理佣金，其数额包括向市场交纳的手续费在内，不得超过成交金额的 4‰。

第四十二条 代理者可以向被代理者收取保证金。

第四十三条 代理者的代理业务和自营业务必须分开，内部账务分设。

第四十四条 代理买卖必须在场内成交，不得在场外成交。

第四十五条 代理者不得蒙骗、敲诈被代理者，否则，被代理者有权向市场监察部申诉，市场负责调查和处罚。

第四十六条 市场有权对代理业务进行检查监督。

第十章 合同转让

第四十七条 如果买卖双方或某一方由于生产经营和市场上发生重大变化致使履约发生困难时，可以由市场统一组织转让合同，但合同转让不得以投机谋利为目的。

第四十八条 合同转让必须在合同生效以后至开始交割的六十天以前进行。

第四十九条 合同转让可以转让货物数量的全部或部分。

第五十条 合同的转让方向市场交易部提交合同转让书，市场在场内张榜公布，招揽受让方。受让方必须是市场的会员。

第五十一条 会员有意受让合同时，向市场交易部提出，由市场安排专门时间进行。合同的转让方和受让方协商转让条件，签订转让协议，经市场确认后生效。

第五十二条 合同转让不得损害原合同对方利益，合同转让不得变更合同所确定的商品数量、质量和价格。交货地点、时间、装具等其他条款的变更必须征得原合同对方的同意。合同转让不能成交时，转让方必须履行合同。

第五十三条 经市场同意，可以有偿转让合同。

第五十四条 合同一经转让，履约责任和义务随之转移，市场向转让方清退保证金本息，核收受让方的保证金和相应的手续费。

第十一章 交 割

第五十五条 郑州市场成交合同实行实物交割。由卖方负责运输事宜，在合同规定的火车站车板或港口船舱交货。

第五十六条 市场管理机构对合同认可后签发准运证。卖方持准运证及时向当地粮食调运主管部门申报运输计划，安排运输。

凡是由郑州铁路局向河南省外发运的货物，均可委托市场代办铁路运输计划。

第五十七条 卖方应及时申报运输计划，积极组织运输，在交割期内完成货物交割。如因不及时申报运输计划而延误交割者，以违约论处。

第五十八条 买卖双方必须严格按照成交数量和样品的等级、规格、质量交收货物，否则按违约处理。

第五十九条 货物交割中的商务事故按照商业部《粮油调运管理规则》的有关规定处理。

第六十条 在交割过程中买卖双方所产生的异议，由买卖双方协商解决；不能达成一致意见时，由市场调解，调解不服者，按法定程序办理。

第十二章　结　算

第六十一条　在郑州市场成交的合同，实行市场监督下的买卖双方自行结算制度。市场积极创造条件，开展代理结算业务。

第六十二条　买卖双方自行结算有三种形式：

货到付款。卖方按合同规定将货物运抵买方车站、码头后五日内，买方付款。

发货付款。卖方按合同规定如期办理货物装运手续后，凭货物装运货票和发货明细表通知买方，买方在接到通知后五天内付款。

先款后货。卖方在接到买方货款后，在合同期内将货物发运完毕。

第六十三条　市场代办结算的形式为：卖方货物发运完毕，携带有关单证直接对市场进行结算，市场付给货款，买方接到货物结算单及有关单证后，直接将货款付给市场。

第六十四条　在结算过程中出现的异议，由双方协商解决。如果不能达成一致意见，双方或一方可以向市场提出《结算纠纷报告书》，由市场予以协调。

第六十五条　买卖双方货款结算完毕后，通知市场清退保证金本息，市场在接到通知后 2 日内将应退资金一次清还。

第十三章　信　息

第六十六条　郑州市场通过报纸、广播、电视、刊物等方式定期或不定期发布市场成交情况和其他有关信息。

第六十七条　郑州市场发布的成交价格为各个品种、等级粮食的拍卖或协商成交价格的加权平均价格。

第十四章 监督、调解、处罚

第六十八条 凡是买卖双方不严格履行合同所定各项内容的，均为违约。发生违约，首先由买卖双方协商解决，当双方不能达成一致意见时，由市场依法予以调解。调解不服者，按法定程序由有关执法部门处理。

第六十九条 市场对违约的调解，以国家有关法律、政府法令和政策为依据，市场在调解中可视违约情节轻重和造成损失的大小，将违约方的部分或全部基础保证金和追加保证金划拨给受损害方，必要时还可扣划违约方的资格保证金，扣划后由违约方按资格保证金的规定数额补齐。违约情节特别严重的，市场可以提出建议，经批准机关同意，中止或取消出市代表资格和会员资格。

第七十条 合同的变更和解除由买卖双方依法协商处理，变更和解除的情况报市场备案。

第七十一条 出市代表必须遵守市场和各项交易规则，接受市场监督和管理。

第七十二条 下列行为属于违纪行为：

1. 扰乱秩序，言行粗暴；

2. 造谣煽动，混淆视听；

3. 坑蒙哄骗，敲诈勒索；

4. 垄断市场，操纵价格；

5. 伪造文件，买卖票证；

6. 拖欠款项，拒交罚金；

7. 行贿受贿，私下交易；

8. 接受不具有资格企业的委托；

9. 出市代表以会员企业名义为私人做交易；

10. 阻碍市场必要的有关调查；

11. 其他违纪行为。

第七十三条　凡违反第六十条规定的，除需提交有关执法部门处理的以外，郑州市场有权视情节轻重和造成损失的大小，给予下列处罚：

1. 造成轻微损失者，予以批评教育。

2. 造成明显损失者，予以警告，并处以 1000 元罚款。

3. 造成严重损失者，建议中止或取消当事人的出市代表资格，并处以 2000 元罚款。

4. 造成特别严重损失者，建议中止或取消会员资格，并处以 10000 元以上的罚款。

以上中止或取消出市代表和会员资格，须经批准机关审查同意。

第七十四条　市场对违纪会员视情节轻重确定处罚，如需交纳罚款必须在 5 日内向市场监察部交纳。逾期不交者，加倍处罚。会员对市场的处罚如有异议，可向市场管理委员会或其他有关部门提出申诉。在未改变处罚决定前，必须执行市场的处罚决定。

第十五章　附　则

第七十五条　本细则解释权归郑州粮食批发市场管理委员会。

第七十六条　郑州市场根据本细则制定场内交易运作规范。

第七十七条　本细则自发布之日起施行。

郑州商品交易所期货交易规则

第一章　总　则

1.1　为了促进社会主义市场经济的发展，充分发挥期货市场转移价格风险与价格发现的功能，保障期货交易的正常运作和客户权益，特制定本规则。

1.2　中国郑州商品交易所（以下简称郑州交易所）是经国家批准、法定注册的组织期货交易的合法场所。

1.3　郑州交易所是非经营性的事业法人。

1.4　郑州交易所的期货交易活动实行公开、公正、平等、竞争的原则。

1.5　郑州交易所的工作人员不得参与交易所的交易活动。

1.6　郑州交易所的会员和工作人员必须遵守本规则。

第二章　管理机构

2.1　郑州交易所接受国家期货市场管理机构及商业部、河南省人民政府组成的郑州交易所管理委员会的领导。

2.2　郑州交易所的最高权力机构是会员大会，会员大会每年召开一次，如有三分之一以上的会员提议可以召开临时会员大会。

2.3　会员大会的职权：

2.3.1　审定和修订郑州交易所的规则；

2.3.2　选举郑州交易所理事；

2.3.3　审议郑州交易所的工作报告和财务报告；

2.3.4 其他由会员大会决定的重大事项。

2.4 会员大会闭会期间，由理事会行使其职权。

2.5 会员大会选举产生的会员理事同政府委派的公共理事组成理事会。每届理事任期2年，可连选连任。

2.6 理事长由郑州交易所管理委员会任命，副理事长由理事长提名，理事会选举产生。

2.7 理事会每半年召开一次，必要时理事长可临时召开。

2.8 理事会的职权：

2.8.1 执行会员大会的决议；

2.8.2 制订、修改交易管理规则以及其他有关规章制度；

2.8.3 审批会员资格；

2.8.4 决定郑州交易所运行中的重大事务。

2.9 理事会根据工作需要，设立资格审查委员会、交易委员会、价格委员会、财务委员会、监察委员会、仲裁委员会等专业委员会，协助理事会工作。

专业委员会主任由理事长任命，其成员由会员和郑州交易所管理人员组成。

第三章 工作机构

3.1 郑州交易所实行理事会领导下的总裁负责制。

3.2 总裁由理事会任命，报郑州交易所管理委员会批准。

3.3 总裁是郑州交易所的法人代表，对理事会负责。

3.4 总裁的职权：

3.4.1 执行理事会决议和郑州交易所规章；

3.4.2 主持郑州交易所日常工作；

3.4.3 聘任副总裁，总经济师、总会计师和总工程师等高级职员；

3.4.4 行使机构设置权、人事选聘辞退权、财物支配权、职工奖惩权。

3.5 郑州交易所视业务工作需要，设立相应的业务部门。

第四章 会 员

4.1 郑州交易所实行会员制。

4.2 会员必须具备以下条件：

4.2.1 经工商部门登记注册具有法人资格的企业；

4.2.2 拥有最低注册资金100万元人民币；

4.2.3 商业信誉好，近3年内无违法记录。

4.3 会员必须缴纳会员资格金。

4.4 会员的权利：

4.4.1 直接进场交易；

4.4.2 享受郑州交易所提供的各项服务和优惠政策；

4.4.3 对郑州交易所的交易规则、管理制度有权提出修改、补充意见；

4.4.4 参加会员大会，有选举权和被选举权；

4.4.5 有权参加某一专业委员会。

4.5 会员的义务：

4.5.1 接受交易所的监督和管理，遵守交易所的各项规章制度；

4.5.2 向交易所缴纳会费；

4.5.3 完成交易所规定的交易定额。

4.6 会员委派出市代表在郑州交易所进行交易。出市代表在交易厅达成的期货交易具有法律效力。

4.7 出市代表必须具备下列条件：

4.7.1 年满 18 周岁；

4.7.2 经过郑州交易所专业培训并取得合格证书；

4.7.3 没有刑事处分记录。

4.8 会员进场交易实行席位制。

4.9 企业法人申请会员资格，须填报会员申请表，同时提交下列资信文件：

4.9.1 工商行政管理部门颁发的法人登记证书和营业执照（或副本）；

4.9.2 企业章程或内部业务规程；

4.9.3 企业组织机构、营业机构和代理业务设置情况；

4.9.4 经会计师事务所及其注册会计师查核签证的最近两年的财务报表，且具有连续良好的营业记录；

4.9.5 企业法人代表签发的经营期货业务的授权证书或业务规章；

4.9.6 郑州交易所认为需要提供的其他文件。

4.10 资格审查委员会受理会员申请书，进行会员资格审查，报理事会批准。

4.11 申请者收到入会通知后，须在 15 天内向郑州交易所缴纳会员资格金等有关资费。

4.12 办理完上述手续后，由交易所发给《会员证》和《出市代表证》，成为正式会员。

4.13 会员资格可以转让或退出，但须了结各项债权、债务，并经理事会核查同意。

4.14 交易所对会员实行年审制。每年二月底前，对会员资格进行审查。会员必须在元月底前将审计事务所审计的企业资产负债表和损益计算表提交郑州交易所。会员有义务提交年审所需的有关资料；交易所有权对会员财务状况随时进行审查。

4.15 会员如遇下列情况，须在 10 天内向郑州交易所提交报告书（一式二份）：

4.15.1 企业法人代表变更；

4.15.2 注册资本总额变更；

4.15.3 企业法定地址及营业处所变动；

4.15.4 企业经济状况发生重大变化；

4.15.5 企业发生经济诉讼案件；

4.15.6 停止经营期货业务或取得其他商品交易所会员资格。

4.16 会员发生破产、合并等引起的期货交易债权、债务的清理，按中华人民共和国《民法通则》和《经济法》的有关规定执行。

4.17 会员发生下列情况时，理事会有权取消其资格或要求其限期改善经营行为：

4.17.1 严重违反交易规则；

4.17.2 企业经营状况不佳，清偿能力明显下降；

4.17.3 年交易量低于郑州交易所规定定额。

第五章 交 易

5.1 郑州交易所设在河南郑州花园口路 20 号宏丰大厦内。

5.2 郑州交易所的交易活动必须在交易厅内进行。

5.3 交易时间（北京时间）：每周一至五上午 9:00～12:00 开市（法定节假日除外）。特殊情况下，经理事会批准，可以变更交易时间。

5.4　交易厅开、闭市以鸣铃为号。

5.5　开市后，如遇偶发事故，郑州交易所可宣布暂停交易。在此之前已经成交的合约仍属有效。

5.6　交易品种。上市品种为小麦、玉米、大豆、绿豆、芝麻，新增上市品种由郑州交易所提出报告，理事会同意，报郑州交易所管理委员会批准。

5.7　郑州交易所对交易厅内成交合约的有效性负责。

5.8　进入交易厅限于下列人员：

5.8.1　经郑州交易所登记注册的出市代表；

5.8.2　郑州交易所场务执行人员；

5.8.3　郑州交易所特许人员；

5.8.4　国家期货管理机构和郑州交易所管理委员会的人员。

5.9　出市代表和交易所工作人员必须着专用服装并佩戴标志进入交易厅。

5.10　郑州交易所采用计算机交易方式。

5.10.1　出市代表将买、卖指令输入计算机终端；

5.10.2　计算机系统以双向竞价方式，根据价格优先、时间优先原则组合成交；

5.10.3　成交后的交易数据传送到结算中心进行结算；

5.10.4　成交后的余量及未成交的指令可以撤出或变更，也可继续竞价交易；

5.10.5　每天交易结束后，计算机内未成交指令随之取消；

5.10.6　出市代表可以通过计算机查询各种交易数据。

5.11　郑州交易所实行交易头寸限制，由郑州交易所规定每个投机帐户分品种最多可持有的某种期货合约头寸的数量。具体头寸限额，由会员提出申请，交易所根据其资金状况进行核定。交割月份的持仓数量不得超过郑州交易所规定限额。

第六章　价　格

6.1　郑州交易所交易价格通过公开、平等、竞争形成。

6.2　郑州交易所交易价格是以交易所上市商品合约规定交货品级为基准，并在郑州交易所核准注册的郑州地区仓库交货价。

6.3　郑州交易所的报价货币为人民币，报价单位为元、角、分、厘/公斤。

6.4　郑州交易所实行最小变动价位，报价须是最小变动价位的整倍数。

6.5　郑州交易所实行每日价格停板额制，由交易所制定每一交易商品的每日最大价格波动限制。

6.6　当连续3个交易日某商品交易价格波动达到停板额时，停板额自动扩大50%。新的停板额可以持续3个交易日。期间若交易价格波幅减小，停板额回复至原水平。若交易价格继续达到停板额，交易所有权暂停该商品的交易。

6.7　郑州交易所各期货合约的开盘价是当日交易开始后的第一笔交易价格；收盘价是当日交易结束前3分钟内成交合约的算术平均价，如最后三分钟没有成交，则前推至最后一笔的成交价格；最高价是指当日的最高交易价格；最低价是指当日的最低交易价格。

6.8　郑州交易所的结算价是该商品的当日收盘价。特殊情况下价格委员会有权会同有关方面调整结算价。结算价是计算未平仓合约差价，决定是否追加保证金和制定下一交易日的交易停板额的依据。

6.9　郑州交易所统一对外发布价格及其有关信息。

第七章　合　约

7.1　郑州交易所采用标准期货合约。

7.2　小麦期货合约

交易单位：10 吨

最小变动价位：每公斤 0.1 分（每张合约 10 元）

每日价格最大波动限制：每公斤不高于或低于上一交易日结算价各 3 分（每张合约 300 元）

交易时间：上午 9:00～12:00（北京时间）

合约月份：1、3、4、7、9、11

最后交易日：交割月最后营业日往回数第七个营业日

交割等级：中华人民共和国国家标准：北方三等硬冬白麦、北方三等软冬白麦。小麦替代品种价格差距（以标准品级合约价为基准）

北方一等硬（软）冬白麦　　　加价 6%

北方二等硬（软）冬白麦　　　加价 3%

北方一等混合硬（软）冬花麦　合约价

北方二等硬（软）冬花麦　　　减价 3%

北方三等混合硬（软）冬花麦　减价 6%

7.3　玉米期货合约

交易单位：10 吨

最小变动价位：每公斤 0.1 分（每张合约 10 元）

每日价格最大波动限制：每公斤不高于或低于上一交易日结算价各 2 分（每张合约 200 元）

交易时间：上午 9:00～12:00（北京时间）

合约月份：1、3、5、7、9、11

最后交易日：交割月最后营业日往回数第七个营业日

交割等级：中华人民共和国国家标准二等黄玉米（一般地区）。玉米替代品种价格差距（以标准品级合约价为基准）

一等黄玉米　　加价4%

三等黄玉米　　减价4%

东北地区比一般地区相应品级（相同水分）的黄玉米价格低3%

7.4　大豆期货合约

交易单位：10吨

最小变动价位：每公斤0.2分（每张合约20元）

每日价格最大波动限制：每公斤不高于或低于上一交易日结算价各4分（每张合约400元）

交易时间：上午9:00～12:00（北京时间）

合约月份：1、3、5、7、9、11

最后交易日：交割月最后营业日往回数第七个营业日

交割等级：中华人民共和国国家标准三等黄大豆。大豆替代品种价格差距（以标准品级合约价为基准）

一等黄大豆　　加价6%

二等黄大豆　　加价3%

四等黄大豆　　减价3%

东北黄大豆比其他地区的相应品级的黄大豆价格低4%

7.5　绿豆期货合约

交易单位：10吨

最小变动价位：每公斤0.2分（每张合约20元）

每日价格最大波动限制：每公斤不高于或低于上一交易日结算价各6分（每张合约600元）

交易时间：上午 9∶00～12∶00（北京时间）

合约月份：1、3、5、7、9、11

最后交易日：交割月最后营业日往回数第七个营业日

交割等级：中华人民共和国专业标准二等杂绿豆。绿豆替代品种价格差距（以标准品级合约价为基准）

一等杂绿豆　　加价 3%

三等杂绿豆　　减价 3%

7.6　芝麻期货合约

交易单位：10 吨

最小变动价位：每公斤 0.4 分（每张合约 40 元）

每日价格最大波动限制：每公斤不高于或低于上一交易日结算价各 8 分（每张合约 800 元）

交易时间：上午 9∶00～12∶00（北京时间）

合约月份：1、3、5、7、9、11

最后交易日：交割月最后营业日往回数第七个营业日

交割等级：中华人民共和国专业标准二等杂芝麻。芝麻替代品种价格差距（以标准品级合约价为基准）

一等杂芝麻　　加价 5%

三等杂芝麻　　减价 5%

第八章　经　纪

8.1　经纪业务是会员企业在郑州交易所内为客户代理交易的活动。会员从事经纪业务须经资格审查委员会审查并报理事会批准。

8.2　会员申请代理业务时，必须提供代理章程或代理规则。

8.3　经纪业务活动必须遵守交易所的规则，财务接受郑州交易所的监督检查。

8.4 拥有经纪业务的会员（下称经纪会员）可以从事所有上市品种的代理业务。

8.5 郑州交易所会员的经纪业务可以收取佣金，佣金标准由经纪会员根据商品种类、定单数量、费用水平并参照郑州交易所的收费标准自行规定。

8.6 经纪会员必须在郑州交易所结算中心开设代理帐户，并存入和保存一定数量的资金。

8.7 经纪会员的代理业务与自营业务的财务账目必须分开。自营业务与代理业务在交易中同时发生时，必须优先代理业务。

8.8 经纪会员对所受理的代理业务之间、自营业务与代理业务之间的交易不能直接对冲（平仓），必须经郑州交易所进行交易。

8.9 经纪会员有责任如实向客户提供其资信和业务情况。

8.10 经纪会员应向客户提供《期货交易风险揭示书》，如实阐明期货交易的风险。客户在认真阅读后，须在《期货交易风险揭示书》上签字。

8.11 客户在委托经纪会员代理交易时，双方必须签订《委托交易协议书》，严格明确双方的责任、权利和可能面临的风险以及交易帐户的种类。

8.12 从事套期保值交易的客户应向经纪会员提交《套期保值交易帐户声明书》，声明在郑州交易所进行的期货交易属套期保值交易。

8.13 经纪会员在接受客户委托前应对其资格信誉情况进行审查，决定是否接受委托。

8.14 经纪会员有责任对客户进行期货业务培训，并向客户提供交易行情及其他有关信息。

8.15　定单是指客户向经纪会员下达的并由出市代表执行的交易指令，一般有以下几种：

8.15.1　市价定单：指立即以即时在交易所能得到的最好价格买进或卖出的定单；

8.15.2　限价定单：指期货市场达到某一限定价位时才执行的定单，分买入限价定单和卖出限价定单两种。买入限价定单是在某一价格或低于该价格才执行的定单；卖出限价定单是指在某一价格或高于该价格时才执行的定单；

8.15.3　止损定单：指在价格跌至预定限度以内以市价卖出或上涨到预定限度以内以市价买入的定单；

8.15.4　停止限价定单：指在价格跌至预定限度后才以指定价卖出，或上涨到预定限度后才以指定价买进的定单；

8.15.5　阶梯价格定单：指按指定价格间隔逐步买进或卖出指定数量期货的定单；

8.15.6　执行或取消定单：指如不能在收到定单后立即执行，则把它取消的定单；

8.15.7　限时定单：指在限定时间内有效的定单。

各类定单未指明具体时限的，视为整个交易日内有效，忽视此点而导致的任何可能的损失由客户自负。

8.16　经纪会员只能按客户要求，在授权范围内代理交易。

8.17　客户对经纪会员因违约造成损失而不履行赔偿责任时，有向交易所反映并要求仲裁的权利。

8.18　代理交易达成后，经纪会员应立即将执行后的定单递达客户。

8.19　经纪会员在接受、执行、反馈定单时，必须注明具体时间。

8.20 经纪会员是所代理交易的主体，对所代理的交易负全部责任。交易所和代理交易的对方不与客户发生直接关系。

8.21 代理业务中双方的责任、权利从经纪会员接受委托书开始，至了结债权债务终结。

8.22 经纪会员对所代理的业务应建立档案记录（包括文字、音像等）。郑州交易所对经纪会员代理业务有检查和监督权。

第九章 保证金

9.1 会员在交易之前，必须按不低于最高持仓合约总值的20%向结算中心寄存结算准备金，利息归会员所有。

9.2 交易所实行合约保证金制度。合约保证金分为初始保证金和追加保证金。

9.3 初始保证金。会员在进行期货交易后，必须在下一个交易日开市前按持仓合约总值的5%～15%将初始保证金从结算准备金中划入结算中心帐户。

9.4 追加保证金。当会员保证金户头数额减低到相当于初始保证金的75%（维持保证金水平）时，由结算中心向会员发出追加保证金通知。会员必须在下一个交易日开市前将追加保证金划入结算中心保证金帐户至初始保证金水平。

9.5 会员可以提供下列物品作为保证金：

9.5.1 中国现行货币和可兑换的外币；

9.5.2 市价80%的可兑换的国家债券和国库券。

9.6 会员在交易所内每成交一张合约，按合约总值0.1‰～0.5‰交纳交易管理费。

9.7 郑州交易所设立特别担保金，每张合约收取0.2元，用于特殊情况下的会员交易风险担保。

9.8 会员不能履行合约责任时，交易保障措施的执行程序是：

9.8.1 暂停交易；

9.8.2 交易所有权强行平仓，该会员须承担因平仓所造成的一切损失；

9.8.3 交易所用该会员的各种交易保证金履行赔偿责任；

9.8.4 交易所用该会员的结算准备金、会员资格金或其他资金履行赔偿责任；

9.8.5 交易所用特别担保金履行赔偿责任。

第十章 结 算

10.1 郑州交易所与银行联合设立结算中心，办理交易结算业务。结算中心对会员的款项清算按交易所制订的规则执行；结算中心同银行之间的款项清算，按银行的规章执行。

10.2 结算中心的主要职能；

10.2.1 结算中心在买、卖双方之间处于中介地位，是卖方会员的买方，也是买方会员的卖方；

10.2.2 承担交易履约监督的责任，保证期货合约的履行；

10.2.3 及时准确地登录和编制交易会员的财务活动账表，监督其财务及经营状况；

10.2.4 负责管理、运用结算资金，办理资金汇划和联行汇划业务；

10.2.5 负责每日交易情况的统计、登记和报告；

10.2.6 负责对会员企业进行财务状况的资信评估，按监督机构的要求处理会员交易中的账款纠纷。

10.3 会员必须在结算中心设立帐户，并直接通过结算中心进行结算。

10.4 异地会员必须在交易所指定银行开设存贷帐户。

10.5 会员应设置每笔交易的详细账目，并妥善保存与其有关的凭证单据、详细记录等，以备检查或查询。

10.6 结算中心实行每日结算制。

10.7 差价结算：会员累计到当日的所有未平仓合约的总值与按当天结算价为基础计算的合约总值的差额的结算。

10.8 盈亏结算：当日平仓合约的实际买入总值与卖出总值的差额的结算。

10.9 差价结算和盈亏结算必须在当天完成。

10.10 平仓的期货合约必须是同品种、同月份、同数量的期货合约。

10.11 结算中心的结算程序如下：

10.11.1 结算中心收到交易厅内达成的交易数据后进行结算；

10.11.2 结算中心账面结算完毕后，进行资金汇划；

10.11.3 结算中心从亏方户头上减去当日亏损，划入盈方户头；

10.11.4 结算中心在当天结算结束后，至迟于下一个营业日开市前向会员提供日结算表。

10.12 结算中心每日分别向会员提供《未平仓合约表》、《平仓盈亏表》、《每月交易登记表》和《会员资金结算表》，作为会员核对交易情况和会员与客户之间结算的根据。结算中心负有为会员保密的责任。对非当事人不提供其他会员的交易与账表资料。

10.13 结算中心每日计算和收取会员所做交易的费用。

10.14 经纪会员对客户的结算办法参照本规定自行制定，并经结算中心认可。

第十一章　交　割

11.1　交割是指卖方会员将仓单通过结算中心交换买方会员付款凭证的过程。客户实现仓单交割必须通过其经纪会员完成。

11.1.1　仓单是定点仓库法人对货主存储货物发给的收据，是代表货物所有权的证件，也是从定点仓库提取货物的凭证，受法律保护；

11.1.2　用于期货交割的仓单，必须经郑州交易所注册；

11.1.3　允许经郑州交易所注册的仓单在郑州交易所买卖；

11.1.4　从注册之日起，超过一年的仓单须由签发仓库重新签发；

11.1.5　仓单在进入流通前可以撤消；

11.1.6　仓单项目：仓单编号、仓库地址、仓库名称、邮政编码、业务电话、商品名称、商品数量、商品等级、仓库保管费、其他费用等；

11.1.7　期货合约的仓单交割必须通过结算中心规定的交割程序进行；

11.1.7.1　交割月份的每一营业日均可进行交割业务；

11.1.7.2　结算中心在交割月第一天往回数第二个营业日至最后交易日期间每日中午十二点前受理交割通知单；

11.1.7.3　卖方会员需要交割时，在规定的受理期限内，均可向结算中心提交交割通知单；

11.1.7.4　结算中心接到交割通知单，在下一个营业日开市前，为卖方会员找出持该多头合约时间最长的买方会员，并书面通知买、卖双方会员；

11.1.7.5 交割关系一经结算中心确定，买卖双方会员不得自行调整或变更；

11.1.7.6 卖方会员要准备向结算中心提交仓单，买方会员要准备向结算中心提交付款凭证；

11.1.7.7 在提交交割通知单后的一周内应完成交割程序。

11.1.8 定点仓库是经郑州交易所审查批准，符合期货交割要求的仓库；

11.1.9 定点仓库必须按仓单项目要求提供商品；

11.1.10 卖方可以交付合约规定的同一品种其他品级的商品，其价格以合约价格为基准升、贴水。替代品级价格差距的变动由交易所有关委员会提出具体标准报理事会批准；

11.1.11 发货点到定点仓库的一切费用由卖方承担，定点仓库到收货点的一切费用由买方承担。

11.2 实物协商交割是买、卖双方自行协商交收实物的过程。

11.2.1 实物协商交割的双方须填写《实物协商交割声明书》；

11.2.2 实物协商交割的双方须向结算中心寄存交割总值10%的交割准备金，以备不能履行交割责任时向受损方赔偿；

11.2.3 实物协商交割的具体条款由双方商定并经郑州交易所认可；

11.2.4 实物协商交割过程中的纠纷处理按照郑州交易所现货商务处理办法执行；

11.2.5 实物协商交割如达不成一致意见，由仲裁委员会裁定。

第十二章　仲裁及处罚

12.1 交易人员对在郑州交易所发生的、涉及到交易章程和规则的业务纠纷，在自行协调无效时，提请郑州交易所仲裁委员会仲裁，郑州交易所仲裁为最终裁决。

12.2　经纪会员与客户之间的纠纷，委托郑州交易所仲裁者，须承认郑州交易所仲裁为终局裁决。

12.3　提请郑州交易所仲裁的当事者，应向郑州交易所提出书面仲裁申请。郑州交易所在对纠纷进行仲裁后，写出裁决书。

12.4　对违反郑州交易所管理规定及其他有关规定的会员，郑州交易所视情节轻重给予警告、严重警告、罚款、暂停代理业务、暂停交易、除名等处罚。

12.5　郑州交易所可以对违反规则、章程的会员通过新闻媒介等手段通告全国以及各有关交易所，并有向国外提供咨询的权利。

12.6　下列行为属严重违规行为：

12.6.1　采取欺诈手段，私下串通交易；

12.6.2　超越权限从事交易活动；

12.6.3　经纪会员自行对冲客户交易；

12.6.4　损害客户的正当权益；

12.6.5　挪用客户资金；

12.6.6　损害客户利益、优先自营交易；

12.6.7　不如实向客户提供企业资信情况和市场信息；

12.6.8　不按客户指令进行交易；

12.6.9　向郑州交易所提供假报告、假资料等；

12.6.10　妨碍郑州交易所工作人员履行职责，阻碍郑州交易所进行必要的调查；

12.6.11　不按合约条款履行责任和义务；

12.6.12　拖欠应付或寄存的各种款项；

12.6.13 不执行郑州交易所终局裁定；

12.6.14 诋毁郑州交易所声誉、破坏郑州交易所财产；

12.6.15 散布谣言、操纵市场；

12.6.16 言行粗暴、扰乱交易秩序；

12.6.17 违反本规则规定的其他不良行为。

第十三章 附 则

13.1 本规则的解释权归郑州交易所理事会。

13.2 本规则自发布之日起施行。

注：本规则由郑州商品交易所于 1993 年 1 月 30 日发布。

深圳有色金属交易所管理暂行规定

第一章 总 则

第一条 为了发展社会主义有计划的商品经济，完善市场机制，发挥流通对生产和消费的协调功能，根据国家有关政策法规，结合深圳经济特区的实际，制定本规定。

第二条 深圳有色金属交易所是由国营公司投资联办的非营利性的企业法人。交易所归口深圳市经济发展局。

第三条 交易所场内的交易遵循公平、公正、合理、合法的原则，实行公开竞争、集中交易。交易所场内允许合约有规则地转让。

第四条 在交易所进行的交易均须遵守本规定。

第二章 交易所监事委员会

第五条 深圳有色金属交易所成立监事委员会（以下简称监事会）对交易所实行监管、协调和稽核。

第六条 监事会由深圳市经发局、市场办、工商局、体改委、法制局、人民银行深圳分行和物资部、中国有色金属工业总公司的有关部门组成。

第七条 深圳有色金属交易所监事会的职能是：

一、根据国家法律、政策和本规定，对交易所内的交易活动进行监管；

二、定期听取交易所理事会或交易所经理的工作汇报，必要时可列席理事会会议，对理事会议可提出异议并要求复议；

181

三、审计交易所年度决算报告、检查交易所财务状况；

四、就交易所物价、物资、税收等问题与有关部门进行协调；

五、制止交易市场上的价格操纵和非法交易。

第八条　监事形式和方法由监事会研究商定。

第三章　组织机构

第九条　理事会负责交易所的经济管理。理事会成员由投资各方代表和会员单位代表组成，并报主管机构核准备案。

第十条　交易所内部实行理事会领导下的经理负责制。

第四章　交易所会员和出市代表

第十一条　交易所实行会员制。有色金属生产、经营、消费的法人企业均可提出申请，经理事会审查，报主管机关批准入会，并办理《经营许可证》。

第十二条　交易所会员可派出一至二名出市代表入场交易。

第十三条　交易所依照本规定和交易规则对出市代表的资格进行审查，未取得出市代表资格的，不得入场交易。

第十四条　出市代表依据会员单位指令在交易所进行交易。会员单位授权出市代表在交易所内所签的符合合同法的合同具有法律效力。

第五章　交易管理

第十五条　国家指令性计划外的铜、铝、铅、锌、锡、镍、镁、锑等有色金属均可在交易所交易。

第十六条　交易所的发展方向是期货交易的场所。试办初期，以现货交易、远期合约起步，逐步过渡到规范化的期货交易形式。

第十七条　交易所场内交易由会员单位出市代表依照本规定和交易所的交易规则进行。最终成交的发票要加盖市场（交易所）交易专用章。

禁止任何会员在场外进行远期合约和期货合约的非法转让。

第十八条　具有相应的有色金属经营范围的非会员单位可委托会员单位通过其出市代表进行交易。

第十九条　交易主持人、记录员和交易监察员，必须做到客观、公正、廉洁。

第二十条　交易所在国家价格政策指导下实行市场调节。

第二十一条　交易所的报价幅度由交易所根据交易的品种分别确定。

第六章　结算与交割

第二十二条　交易所成立以金融机构为主体的结算单位，对交易所的交易进行统一结算。试办初期可由交易所设立结算部，并在指定银行开设专用结算帐户受理交易所的交易结算。

第二十三条　交易所的交易结算应接受开户银行的业务指导和监督。

第二十四条　交易所实行保证金制度。凡在交易所进行交易的会员，必须按交易所交易规则的规定，向结算单位交纳保证金。

第二十五条　交易双方应于每笔交易成交时，按成交金额的一定比率，向结算部门交纳交易定金。

第二十六条　交易签约后，结算部门有责任督促履行合约，并负有代替违约方承担履行合约的责任，由此而造成的损失，结算部门有权从违约方的保证金和交易定金中作相应的扣还。违约方保证金和交易定金不足抵价实际损失时，结算部门有追偿权。

第二十七条　交易所从事业务的收费标准和会员单位代客买卖的收费标准由主管机关审核报物价部门审定后执行。

第二十八条　成交合同的实物交割方式，在交易所的交易规则中制订。

第七章　罚　则

第二十九条　交易所、会员单位和委托单位超越主管机关批准的经营范围从事有色金属交易和合约场外交易的，由工商部门依照国家有关法规予以处罚。

第三十条　交易所工作人员及出市代表在交易过程中弄虚作假、徇私舞弊、造谣惑众、欺诈以及违反本规定的，给予以下处罚：

一、没收非法所得；

二、处以所涉金额 20% 以下的罚款；

三、按照干部、职工的管理权限，由有关部门予以行政处分。因此而开除公职者，任何单位不得重新录用为期货交易从业人员；

四、情节严重触犯刑律的，提交司法机关依法处理。

以上处罚可以并处。

第八章　附　则

第三十一条　交易所依照本规定拟定交易规则，报政府批准后施行。

第三十二条　本规定由深圳市人民政府负责解释。

第三十三条　本规定自颁布之日起施行。

注：本规定由深圳市人民政府深府〔1991〕386 号文于 1991 年 9 月 21 日发布。

深圳有色金属交易所交易规则

第一章　总　则

第一条　为维护交易双方的合法权益，为出市代表提供公开、公平、合理、合法竞争的良好交易环境，深圳有色金属交易所（以下简称交易所），以国家的有关法律政策和深圳市政府颁布的《深圳有色金属交易所管理暂行规定》为依据，制定本交易规则。

第二条　本规则适用于交易所内的一切交易活动和交易人员。

第三条　交易所的会员和职员必须遵守本规则。

第二章　交易场所和时间

第四条　交易场所位于深圳市华富路中建海外装饰大厦 B 座一楼交易所的交易厅内。

第五条　集中交易日为每星期的星期一至星期五，国家法定节假日除外。

开盘时间和各种金属的具体交易时间安排由交易所另行制定公布。

第三章　交易的品种、质量、计量和计价标准

第六条　交易的品种：铜、铝、铅、锌、锡、镍、镁、锑八种常用有色金属。

第七条　交易商品的质量等级按国家规定的标准执行，并在交易合约中注明。

第八条　交易所内交易的商品实行计量标准化。交易单位以"手"

计算，每"手"计量如下：

名称	交易单位（"一手"）
铜	10 吨
铝	10 吨
铅	10 吨
锌	10 吨
锡	2 吨
镍	2 吨
镁	2 吨
锑	10 吨

第九条 交易的商品以人民币计价，计价单位为元/吨。

第四章 交易程序和交易方式

第十条 交易程序：由会员单位向交易所场内的出市代表下达买卖指令，出市代表根据指令在交易厅内进行交易。买卖成交后，出市代表必须迅速以书面形式通知委托单位。

第十一条 交易程序主要有以下六个环节：

（一）在交易主持人主持下，买卖双方出市代表在场内公开竞价；

（二）成交后，买卖双方的出市代表在交易凭证上签字；

（三）交易主持人对交易凭证审核后签字；

（四）交易凭证输入电脑并打印交易清单；

（五）买卖双方的出市代表签订合约书（一式四份）；

（六）根据交易凭证和合约书计算、划转交易定金、收取交易管理费。

第十二条 交易所内实行竞价交易。竞价交易由交易所指派的交易主持人主持，采取公开叫价或板书的方式。

第十三条　交易所开市时，出市代表以商品的开市挂牌价作为竞价的参考。开市挂牌价为前一交易日该商品的收市价。

第十四条　在竞价过程中，出市代表的竞价应按价位规则进行。

第十五条　每个交易日成交商品的品种、规格、交割期、价格、数量、交货地点由交易所信息部予以公布。

第五章　交易所会员和出市代表

第十六条　交易所的会员是指承认交易所章程，自愿申请加入，经理事会审核同意，主管部门批准，持有深圳市工商局颁发的《经营许可证》的法人企业。

第十七条　企业申请会员资格，须提供下列资料：

（一）会员登记申请表；

（二）工商部门核发的有色金属生产、经营的营业执照和消费有色金属企业的营业执照；

（三）县以上人民政府的企业成立批文；

（四）企业法定代表人证书。

第十八条　交易所的会员享有直接委派 1～2 名出市代表，使用交易所的服务设施，对交易所的规章制度提出修改意见，对交易活动提出批评、建议等权利。同时负有遵守交易规则，服从管理，严格履约，及时交纳有关费用的义务。

第十九条　会员单位有退出交易所的自由，但必须向交易所提出书面申请。该退出申请经理事会研究、报主管部门批准，同时由工商部门注销其《经营许可证》。

第二十条　出市代表是指会员单位委派的交易人员。出市代表需经会员单位法人授权委托，方能出市交易。

第二十一条　出市代表应具有一定的市场、贸易和有色金属专业等方面的知识以及一定的交易业务能力，并经交易所考核合格报理事会备案后，发给《出市代表证》，出市代表进场交易时，必须身穿出市代表专用制服。

第二十二条　出市代表不得直接受理非会员单位的委托。

第二十三条　出市代表必须对自己的每笔交易作详尽的记录，并归档保存，以备事后查证。

第二十四条　在交易过程中，出市代表如对交易主持人和记录员有异议，可向交易所直至监事委员会反映。

第六章　交易主持人

第二十五条　交易所派出交易主持人主持交易活动。交易主持人必须客观、公正、廉洁，不得偏袒任何一方。交易主持人和交易所管理、办事人员不准参加买卖。

第二十六条　交易主持人在每场交易活动中，应配备交易记录员。交易记录员必须如实记录交易过程和交易结果并存档，不得弄虚作假。

第二十七条　交易主持人主要负责以下事项：

（一）开市、收市的管理；

（二）交易品种顺序、种类的安排；

（三）交易凭证的审查并签字；

（四）将交易凭证转交给电脑记录员；

（五）维持交易场内的正常秩序，维护交易公开、公平、合法地进行。

（六）及时处理交易场内的争议和纠纷，禁止违反交易规则的各种行为。

第七章 代理交易

第二十八条 代理交易是指会员单位受理其他单位（客户）的委托并指派其出市代表在场内进行交易的行为。

第二十九条 非会员单位不能直接入场交易，只能委托会员单位并通过出市代表进行买卖。

第三十条 会员单位在受理其他单位委托时，应了解客户的经营范围和资信情况，以确保委托的合法性和履约的可靠性。

第三十一条 非会员单位委托会员单位或会员单位委托其他会员单位交易的，必须填写"代理委托书"，并由双方签字确认。然后由会员单位指令其出市代表执行。在执行交易的过程中，会员单位和出市代表有为其代理客户保守秘密的责任。

第三十二条 会员单位在受理委托时，应要求客户采用书面委托方式（含电传、电报指令）。委托内容包括买卖商品名称、质量、数量、价格范围、交收月份、委托期限等。

第三十三条 会员单位在受理委托时应将交易所的定金和交易管理费的收费标准以及代理费用标准告知客户。另外，还应主动向客户提供交易情况及价格信息。

第三十四条 买卖成交后，代理方应在委托期内将成交情况通知客户。如在有效委托期内未能成交，则委托代理关系自行解除。

第八章 合 同

第三十五条 交易所认可合约的主要依据：

（一）《中华人民共和国经济合同法》；

（二）《深圳有色金属交易所管理暂行规定》和本规则的规定。

第三十六条 合同交割期限为一至十二个月。当月交割的合约为现货合约，不在当月交割的合约为远期合约。期货合约则是除价格之外的所有合约条款都是按交易所规定的标准化合约。

第三十七条 交易所内合约转让是指合约持有方将合约标的物在交易场内通过竞价买卖方式实现；成交后应重新签订合约。买卖双方在交易所签订的合约，由交易所交易部审核盖章后生效。

第三十八条 合约平仓是指交易所内合约转让或根据合约规定交收实物。

第三十九条 交易所对签订的合约书进行统一管理、归档保存。

第四十条 交易所合约文本由工商部门和交易所共同研究制定，工商行政管理部门负责监制。

第九章 价格与价幅

第四十一条 商品交易价格为指定地点的交货价格。

第四十二条 每一交易日的价格涨跌最大幅度，不能超过前一交易日收市成交价的3%。

第四十三条 交易价位由交易所根据交易品种分别确定。

第四十四条 当日结算价格是指该种商品在交易日里收市前的成交价格。当日结算价格作为未平仓合约差价计算的依据，也作为对外公布价格的依据。

第十章 保证金、定金和交易管理费

第四十五条 交易所实行保证金制度。保证金是会员单位在入会时一次交清的风险基金，保证金的额度由交易所理事会拟定，报监事会核准后执行。

（一）会员单位违约造成的损失，定金不足补偿时，交易所有权从会员单位的保证金中扣除。

（二）会员单位在退出交易所时，交易所必须一次性退回保证金。

（三）会员单位在交易所违反交易规则所造成的损失，交易所有权从会员单位的保证金中扣除。

保证金的动用必须经交易所理事会讨论通过。

第四十六条 交易所实行定金制度。定金按成交金额的3%向买卖双方收取，并存入交易所的帐户中。定金根据市场价格的变化予以增减。

第四十七条 定金是买卖双方在经济上的信用保证，主要用于防止买卖各方因发生亏损时拒不履约所造成经济损失的风险。定金在合同履约时与买卖各方清算。

第四十八条 成交后如所持合约因市场价格变化，按当日结算价计算，亏损超过定金的25%时，交易所结算部有权要求出市代表在下一个交易日开市前追加定金。

第四十九条 当会员单位在交易中出现亏损超过定金的70%而仍未补足时，交易所有权采取强制平仓的措施。平仓后所造成的损失和有关费用由该会员单位承担。

第五十条 出市代表在买卖成交后，应按一定比率向交易所交纳交易管理费。每种商品交易应交纳的交易管理费的比率由交易所拟定，经主管部门审核，并报物价部门审定后执行。

第十一章 结 算

第五十一条 交易所开办初期，可以设立结算部，并在指定银行开设结算帐户办理交易所的交易结算。会员单位在交易所场内的交易必须通过交易所进行统一结算。

第五十二条 交易所结算部设立各会员单位往来帐户，用于办理交易所会员单位之间的资金往来。买卖成交之后，由结算部根据出市代表签定的交易合约，直接从会员单位的往来帐户中划转3%定金。

第五十三条 每天交易结束后，结算部必须对每笔交易进行核对，并以当日结算价计算出每位会员未平仓合约的差价，作为是否追加定金的依据。

第五十四条 每天交易结束后，结算部必须对平仓后的交易进行盈亏结算，并将盈亏在下个交易日开市前转入会员单位的往来帐户中。

第五十五条 结算部有权核对会员单位在交易所内的财务帐目，监督会员单位未平仓的合约是否超出其支付能力，交易所有权责令会员单位的出市代表立即停止交易或平仓。

第十二章　交　割

第五十六条 交割是指在合约规定的交货日的实物交收。买卖双方交割地点为交易所指定的地点或合约中规定的地点。

第五十七条 卖方可在交割月份内的任何一天交货。卖方必须在离实际交货日的前十天，将具体交货日期和提货凭证交到交易所，交易所接到通知和提货凭证后，立即通知买方准备收货和付款。

第五十八条 买方接到提货通知后，应在实际交货日前，以电汇或汇票的付款方式将货款汇到交易所。交易所收到买方的货款后即将提货凭证交给买方。买方凭提货凭证在交收日提货。

第五十九条 交易所应在实际交货日后两天内将95%的货款付给卖方，剩余的5%货款在买方提货后与卖方结清。

第六十条　在货物交收过程中买卖双方所产生的异议，由交易所交易部协调解决。不能达成一致意见的，可以向合同仲裁部门申请裁决。

第六十一条　交易所最终的成交发票加盖市场（交易所）交易专用章。

第十三章　违约处理

第六十二条　在交易成交后，如买卖双方会员任何一方违约，由交易所替代违约方履行合约责任；与此同时，交易所有追究违约方责任的合法权利。由于违约所造成另一方的经济损失以及交易所代替违约方履行合约责任所发生的费用均由违约方承担。

第六十三条　会员单位受理客户委托进行买卖时，如客户违约，交易所仅追究受托方即会员单位的违约责任。会员单位再追究客户的违约责任。

第六十四条　违约所造成的一切经济损失从违约方定金和保证金中扣除。不足以抵偿损失时，交易所有权通过经济或法律手段进行追索。

第六十五条　在违约处理中，如出现本章条款中没有涉及到的情况，则按《中华人民共和国经济合同法》和其他有关法律、法规中的相关条款处理。

第十四章　罚　则

第六十六条　本规定所指的合约转让仅限于通过交易所签订的购销合同在交易所内公开转让。

第六十七条　凡在交易中具有下列行为之一均属非法交易。

（一）无证经营；

（二）超越核定的经营范围；

193

（三）超越代理权限；

（四）不按规定交纳定金；

（五）不使用统一专用发票和不开发票的现金交易；

（六）不通过交易所的结算部门结算；

（七）违反交易所价位涨落规定；

（八）违反《中华人民共和国经济合同法》；

（九）最终成交的发票未盖市场（交易所）专用章。

第六十八条　对无证经营、超越代理权限和经营范围经营有色金属的，根据《中华人民共和国企业法人登记管理条例》及《实施细则》的规定处理。

第六十九条　对不在指定场所公开交易的，由工商部门没收其非法所得，并处以非法所得额20%以下的罚款。

第七十条　对不使用发票、没有按规定交纳税金的，由税务部门根据《中华人民共和国税务法》及《实施细则》的规定处理。

第七十一条　对出市代表在交易所内不执行本规定所确定的作价原则，有意哄抬和压低价格的交易和行为，由交易所予以处理。情节特别严重的，由工商物价管理部门查处。

第七十二条　对违反《中华人民共和国经济合同法》的，由工商部门根据合同法的有关规定作出处理。情节特别严重的，交易所监事会有权通知交易所取消负有责任出市代表的《出市代表证》，甚至取消会员单位的交易资格，并由工商部门吊销其《经营许可证》。

第七十三条　如发现出市代表有下列违法情节之一的，交易所有权暂停其入场交易直至取消其出市代表资格，情节严重的，由有关部门追究其法律责任：

（一）散布谣言，影响、操纵、扰乱市场，企图从价格变动中获利的；

（二）谎报买卖市价，联手交易从中谋利的；

（三）在代理交易中故意损害客户利益的；

（四）与交易所职员合伙作弊；或讲私情，不按规定收取定金；或进行非法交易的。

第七十四条 在交易过程中，交易所有关人员有弄虚作假、故意偏袒、内幕交易、误导行为的，可向监事会投诉。

第七十五条 出市代表违反本规则，构成犯罪的，由司法机关依法追究刑事责任。

第十五章 附 则

第七十六条 本规则的修改程序与拟定程序相同。

第七十七条 本规则解释权属交易所理事会。

第七十八条 本规则经深圳市人民政府批准后实施。

注：本规则由深府办〔1991〕236号文于1991年12月7日发布。

上海金属交易所管理暂行规定

第一章　总　纲

第一条　为了发展有计划的商品经济，把计划调节与市场调节结合起来，根据国家有关政策法规，制定本规定。

第二条　上海金属交易所（以下简称交易所），由物资部和上海市人民政府共同领导。

第三条　交易所是非营利性的全民所有制事业法人。经济上实行以收抵支，自负盈亏。

第四条　交易所的任务是在指定的交易场所公开、公平规范化地组织金属材料的现货和期货交易。

第五条　进入交易所进行交易的人员和单位，都必须遵守本规定。

第二章　管理委员会

第六条　由物资部金属材料司、综合管理司、对外经济合作司、上海市计划委员会、经济体制改革办公室、物资局、财政局、工商行政管理局、物价局组成上海金属交易所管理委员会（以下简称管理委员会）。

第七条　管理委员会的主要职能是：

（一）根据本暂行规定，负责制定和修订《上海金属交易所交易规则》；

（二）监督和指导交易所的工作；

（三）协调处理交易所运行中涉及到的有关政策和部门、地区间的关系；

（四）审批上市交易品种。

第三章　组织机构

第八条　交易所实行会员制。

第九条　由投资各方和会员大会选举的代表组成理事会。

第十条　理事会是负责交易所经营管理的最高权力机构。其职权是：制定、修订交易所章程；决定交易所内部的重大事务；批准接受新会员；聘任交易所的高级职员（总裁、副总裁）。

第十一条　交易所实行理事会领导下的总裁负责制。总裁是交易所的法人代表，对理事会负责。

第十二条　由物资部、上海市政府有关机构的人员以及专家组成交易所监事会（5～7 人），依据国家和上海市有关法规及交易所的规定，对交易所的活动进行监督和检查。

第四章　会　员

第十三条　交易所会员必须具备下列条件：

（一）经企业所在地工商行政管理部门注册登记，具有独立法人资格，是生产、使用和经营金属材料的经济实体及外贸和金融单位；

（二）拥有注册资金人民币 500 万元以上；

（三）有经营金属材料业务的专业人员；

（四）商业信誉好。

第十四条　凡具备上述条件的企业，填写《上海金属交易所会员申请表》，经交易所理事会批准即为交易所会员。

第十五条　交易所会员平等地享受交易所章程赋予的权利，同时应履行交易所章程规定的义务。

第十六条　交易所会员可派 1～2 名经交易所审查并培训合格的出市代表入场交易。未取得出市代表资格的人员不能参加交易。

第十七条　出市代表执行本单位指令在交易所内签订的合约，经交易所签证后即具有法律效力。

第十八条　出市代表只能接受本单位的指令进行交易，不得接受其他会员或非会员单位的指令。

第五章　交　易

第十九条　交易所会员按照公开、公平、公正竞争的原则在交易所交易。交易所内的交易活动受本管理规定保护。

第二十条　交易的品种为各种金属材料。

第二十一条　交易方式为公开的竞价买卖，协商买卖，拍卖等。

第二十二条　期货交易采用标准化合约。

第二十三条　现货交易须签订合同，合同文本由交易所统一规定和制作，非标准化的远期合同可以在交易所内转让。

第二十四条　交易过程中禁止任何单位进行下列行为：

（一）利用内幕消息从事交易；

（二）同一单位与两个以上单位私下串通，同时买卖同一种商品合约，制造虚假供求和价格；

（三）制造或散布虚假的、容易使人误解的信息；

（四）以操纵市场为目的，连续抬价买入或卖出同一种商品的合约；

（五）以其他直接或间接的方法，操纵或扰乱交易秩序。

第六章　代　理

第二十五条　交易所会员有权接受客户委托，代理客户买卖或转让合约。

第二十六条 交易所只对会员负责，代理者必须对被代理者负责。

第二十七条 非交易所会员不受原经营范围限制，可以自由选择交易所会员代理合约买卖业务，并按代理章程和实施细则规定，交付保证金和佣金。

第二十八条 会员自营业务和代理业务的帐册必须分开。

第二十九条 交易所有权对代理业务进行检查和监督。

第七章　价　格

第三十条 交易所的法定报价为人民币。

第三十一条 交易所内交易的价格允许随行就市。

第三十二条 交易所对非正常因素引起的价格暴涨暴跌现象采用涨停板或跌停板办法管理，必要时交易所有权宣布暂停交易。

第三十三条 每一交易日的交易品种、成交数量、成交价格等信息由交易所统一发布。

第八章　结算与交割

第三十四条 交易所实行基本保证金和追加保证金制度。

第三十五条 交易所设立结算部，对交易所的交易进行统一结算。

第三十六条 交易所得作为交易企业的利润，交易损失在交易企业利润中轧抵。

第三十七条 交易成交后，买卖双方均应向交易所交纳手续费。手续费的费率确定和调整，由交易所报物价部门批准后执行。

第三十八条 交易所对所有合约负完全责任，包括代替违约者履行合约的责任。对违约方造成的经济损失，交易所有权追偿并罚款。

第三十九条 交易所公告不同期限合约的交割日期。对需要进行实物交割的合约，由交易所负责组织交割。对通过协商、拍卖方式成交的实物交割，由买卖双方自己负责。

第九章 监督、仲裁、处罚

第四十条 交易所对会员的交易行为有监督权；有权协调或仲裁会员间因交易而发生的纠纷；有权按有关规则和章程对违章、违纪行为进行处罚。

第四十一条 交易所执行监督、仲裁、处罚可通过以下工作进行：

（一）听取会员申诉；

（二）受理对会员不正当行为的指控；

（三）调查会员的财务及交易状况；

（四）检查会员帐册、文件及原始记录；

（五）以书面方式通知会员停止或纠正不正当行为。

第四十二条 对交易所会员的违约行为，按《上海金属交易所交易规则》和《上海金属交易所会员管理暂行办法》的规定予以处罚。

第四十三条 交易所工作人员违反本规定的，按《交易所工作人员守则》的有关条款予以处罚。

第四十四条 情节严重、触犯刑律的行为提交司法机关处理。

第四十五条 本规定由上海金属交易所管理委员会解释。

第四十六条 管理委员会可根据规定制定实施细则。

第四十七条 本规定自颁布之日起实施。

注：本规定由物资部、上海市人民政府［1992］物金字京70号文于1992年4月25日发布。

上海金属交易所规则（试行）

第一章 总 则

第一条 根据《上海金属交易所管理暂行规定》和《上海金属交易所章程》制定本交易规则。

第二条 上海金属交易所（以下简称交易所）的主要业务是：组织符合国际规范的金属期货交易，根据我国具体情况，同时组织国家计划外金属材料的现货以及现货合同在交易所实现公开、公正、公平、竞争的交易和转让。

第三条 本规则适用于交易所内的一切交易活动。交易所会员和工作人员必须遵守本规则。

第二章 交易地点和时间

第四条 交易地点在上海市中山北路 2550 号上海物资贸易中心大厦四楼。

第五条 集中交易日暂定为每周一、三、五（国家法定假日除外），其他时间为交易的结算、交割及其他业务时间。

每一交易日分上、下午两市，各市开盘时间和各种金属的具体交易时间安排，由交易所制定后另行公布。

第三章 交易的品种、质量、计量和计价标准

第六条 交易品种暂定铜、铝、铅、锌、锡、镍六种有色金属和生铁。

第七条 交易商品的质量等级按现行国家标准执行，并在合约中注明。

第八条 交易商品实行计量标准化。期货交易单位以"手"计算，每"手"计量如下：

铜	5 吨
铝	5 吨
铅	5 吨
锌	5 吨
锡	2 吨
镍	2 吨
生铁	25 吨

现货交易的计量单位为吨。

第九条 交易商品以人民币计价，计价单位为元/吨。

第四章　期货交易和现货交易

第十条 在交易所内的交易分为期货交易和现货交易两种形式。一段时间内先行组织现货交易。

第十一条 现货交易成交后，买卖双方必须签订现货合同。现货合同由交易所统一制定。

第十二条 现货合同是买卖双方按一定条件签订的在不同月份交收实物的合同。十天之内任何一天均可以交收实物的为即期合同，六个月以内的为近期合同，六个月以上的为远期合同。近、远期合同可以在交易所内转让。

第十三条 现货合同转让是指合同持有方将合同在交易所通过公开竞价和拍卖方式实现。合同一经转让，履约的责任随之转移。

第十四条　现货合同转让不得变更原合同的标的，转让产生的差价在合同过户记录中注明。

第十五条　期货交易是期货标准合约的交易。不同种类商品有不同的标准合约，每一标准合约规定标准品级、规格、标准数量和交货地点等。标准合约中的唯一变量是在交易时所形成的该商品的价格。

第十六条　期货标准合约由交易所统一制定，一个标准合约为"一手"，期货交易必须按"一手"的整数倍进行交易。

第十七条　合约（合同）平仓是指在交割期之前买进、卖出同一交割月份，数量的合约（合同），使买卖平衡，或在交割期内根据合约（合同）规定交收实物。

第五章　保证金和手续费

第十八条　为了确保交易的顺利进行和买卖双方的合法权益，交易所实行保证金制度。保证金分为基础保证金和交易保证金（初始保证金、追加保证金）。

第十九条　基础保证金是会员单位开展正常交易活动的信用保证，额度为 20 万元，并一次存入交易所帐户中。

（一）基础保证金用于会员单位违约或违反交易规则时，造成对方损失，用交易保证金不足以弥补时，从基础保证金中扣除；

（二）当基础保证金仍不足以补偿损失时，交易所有权动用全额基础保证金先予补偿，同时通过有关途径向违约方追索；

（三）当会员单位退出交易所时，基础保证金全数退还。

第二十条　初始保证金：主要用于防止买卖双方在交易中发生亏损时拒不履约所造成的经济损失。当买卖双方成交后，交易所按不同的交易向成交双方各收取成交金额一定比率的初始保证金。其比率暂定为：

期货交易 5%～10%。现货交易按交易总额分别定为：500 万元以下，5%；500 万～1000 万元，3%；1000 万元以上，1%。十天之内交货的现货交易不收交易保证金。交易保证金在合约平仓、合同转让和实物交收后由交易所与买卖各方清算。交易所将视交易情况和市场价格的变化，对初始保证金的比率作公开适当的调整。

第二十一条　追加保证金：自合约（合同）生效之日起至交割日止，如某商品的市场价发生波动，根据未平仓合约按当日结算价计算价差。如价差亏损超过一定数额时，交易所即向亏损方发出追加保证金通知。

第二十二条　交易手续费：买卖双方成交后，交易所向交易双方收取交易手续费。交易手续费的比率由交易所根据市场交易情况拟定，一般为成交金额 1.5‰以内。

第六章　交易程序和交易方式

第二十三条　交易程序：

（一）会员单位可委派 1～2 名出市代表进场交易并由会员单位向出市代表下达交易指令；

（二）出市代表根据交易指令在交易厅内通过计算机终端进行交易；

（三）每一品种交易结束，交易主持人根据计算机打印出的交易清单，向成交各方出市代表送达成交通知单，出市代表确认签字后该笔交易即行生效；

（四）交易成交后，买卖双方出市代表于次日至交易所办理提货凭证交割、签订现货合同及合同转让等有关手续；

（五）交易所结算部在交易结束后根据出市代表签字确认的成交通

知单，向会员单位核收相应的保证金和手续费，并根据当日交易汇总表向会员单位送达当日结算清单和盈亏通知单；

（六）出市代表凭成交通知单，报告本单位并迅速通知各委托单位。

第二十四条 交易方式：现货交易与期货交易分别在不同的交易时间内采用不同的交易方式进行。

第二十五条 现货交易采用竞价方式。

（一）各会员单位出市代表在交易日开始前根据本单位交易指令和委托单位交易委托书填写交易单，并标注买卖商品的品名、生产厂、货期、交货地点等代码；

（二）每个交易日分成若干场，不同类别的商品分场进行交易；

（三）每场交易由交易主持人按铃宣布交易开始，出市代表在计算机终端上输入交易单上有关代码和数据（即交易意向）；

（四）交易根据价格优先即卖者的最低报价和买者的最高报价优先和时间优先的原则进行，成交前由买卖双方出市代表随时修改各自买入或卖出报价及数量，计算机自动撮合成交；

（五）在交易过程中，出市代表也可随时输入新的交易意向进行交易。

第二十六条 期货交易采用一价制方式，即按交易主持人报出的价位进行交易。

（一）每个交易日分为若干节，不同类别的商品分别在不同的节内进行交易；

（二）同一类别的商品按交割月份由近及远的顺序进行交易；

（三）每节交易根据价位变化分成若干小节，每小节的时间由交易主持人根据交易具体情况掌握；

（四）每节交易由交易主持人按铃宣布开始，各计算机终端即显示该商品当日交易开盘价（首次交易由交易所确定临时价位）；

（五）如果出市代表所持交易指令的价位合适，即在终端输入买卖合约数，计算机自动显示买入、卖出合约总数及差数；

（六）当某小节时间结束时卖出总数大于买入总数（或买入总数大于卖出总数）计算机显示成交数并自动将价格调低（或调高）一个价位，买卖双方在后一小节继续通过计算机终端进行交易；

（七）当某价位与自己希望的价格不一致时，可在计算机调整价位前后输入反向交易指令（原卖改为买，原买改为卖），退出该次交易；

（八）经过反复调整价格，当买入总数与卖出总数相等，且在规定交易时间内无变化，则计算机自动按铃，交易主持人宣布该节交易结束；

（九）当价位变化达到当日的交易最大涨跌幅并继续有涨或跌相同趋势时，计算机自动按铃，交易主持人宣布该商品今日交易暂停。

第二十七条　某商品的当日交易开盘价为前一交易日该商品的收市成交价（收盘价）。

第二十八条　每个交易日成交商品的品种、规格、交割期、最高成交价、最低价、收盘价、成交数量、交货地点等由交易所信息部予以公布。

第七章　价格和价幅

第二十九条　期货商品交易价格是指经交易所注册的该商品的基准交货品级并在上海地区交易所核准仓库的交货价格。现货商品交易价格是指合同上规定的交货价。

第三十条　交易所允许卖方交合约规定范围内其他品级的商品，其价格可以合约价格为基准给予买方折扣或以合约价为基准加贴水，替代品级的价格差额由交易所规定。

第三十一条　在上海地区以外，交易所核准仓库交货价格，由交易所根据不同地区实际发生的运输等费用确定增减的差额。

第三十二条　交易价格的最小波动幅度（交易价位）由交易所根据不同的交易品种分别确定。

第三十三条　每一交易日各交易商品价格涨跌最大幅度，不能超过前一交易日该商品收市成交价的1%。

第三十四条　当连续若干个交易日某商品交易价格波动达到涨跌最大幅度的上限和下限价位（涨、跌停板）时，交易所可将上下限波动幅度增加一倍，若交易价格继续达到上、下限价位，交易所有权暂时终止该商品的交易。

第三十五条　当日结算价格是指该商品在交易日里成交价格的加权平均价。当日结算价格作为未平仓合约差价计算及是否追加保证金的依据。

第三十六条　现货交易竞价的价位变化可参照期货交易的价位规则。

第八章　结算和交割

第三十七条　在交易所开办初期设立结算部，并在委托银行开设帐户办理交易结算，会员单位在交易所内的交易必须通过交易所结算部进行统一结算。

第三十八条　交易所结算部为会员单位在指定的结算银行设立专用帐户，用于办理会员单位间以及会员单位和交易所间的资金往来。会员单位应在专用帐户中存入一定资金（或提供开户银行承兑汇票或保函），以准备随时支付交易保证金和手续费等费用。其数额可根据预计交易量的大小增减。

第三十九条　每日交易结束，交易所结算系统打印出当日交易汇总表，结算部就每笔交易和会员单位进行核对，以当日结算价计算出每一会员单位未平仓合约（合同）的差价，当会员单位应交保证金总额超过银行保证金帐户存款总额25％以上时，结算部向会员单位发出追加保证金通知，在下一交易日前补足差额，合约（合同）平仓后如有盈余则在每月月底结算后将盈余转入会员单位的帐户中。

第四十条　当会员单位在下一个交易日开市前15分钟未能补足追加保证金（外地会员单位凭银行汇单传真件有效），交易所有权停止该会员参加当日的交易。

第四十一条　如果会员单位专用帐户上的当日资金不足以支付当日的交易保证金，若经出市代表申请，交易所也可代为补足应付之差额，但需按贷款利率交纳滞纳金。会员单位应于下个交易日开市前15分钟补足差额，否则交易所有权停止该会员单位参加当日交易或对此合约代为平仓，平仓后的损失和有关费用由该会员单位承担。

第四十二条　现货合同签订后，买卖双方凭成交通知单在三天内将货款和提货凭证存入交易所，同时按合同标的进行查验，如符合要求，双方签具申请交割单并送交易所，交易所随即进行货款和提货凭证的交割，并向双方收取交易手续费。实物交收后由买卖双方自行结算。

第四十三条　期货合约的交割为合约实物量所有权的转移，是指在规定交割期内提货凭证的交割，实物交收在合约交割后进行。

第四十四条　期货交易实物交收的地点为交易所核准的仓库。现货交易实物交收根据成交合同之条款处理。交易所负有协助、监督之责任。

第四十五条 最早交割日为期货合约到期月份的 15 日，最迟交割日为该月 25 日，期货合约的交割可在最早交割日与最迟交割日之内的任何一天进行。

第四十六条 最早交割日一周前的交易日为最后交易日，最后交易日是指未平仓合约可以买卖平仓的最后的一日，过了最后交易日，未平仓合约必须准备接受实物交割。

第四十七条 最后交易日前二周的交易日为第一通知日，交易所在该日对到期合约予以公告，交易双方如在最后交易日前不准备再买卖平仓，应作好交付货款和接收实物的准备。

第四十八条 交易所在最后交易日向卖方发出准备交割的通知，卖方接到通知应在最早交割日前将合约规定品级、数量的商品存入交易所核准的仓库，并将提货凭证、质保书等交到交易所。交易所接到上述凭证后，对进仓货物进行检查，如符合合约规定，交易所立即通知买方准备收货和付款。

第四十九条 买方接到通知后，应在最迟交割日前以电汇或汇票的付款方式将货款汇到交易所。交易所收到买方的货款后即将提货凭证交给买方，买方凭提单在提货有效期内提货。

第五十条 交易所在收到卖方的提货凭证后即向卖方退还交易保证金，在收到买方的货款后即退还买方的交易保证金，并将 95% 的货款付给卖方，剩余的 5% 货款在买方提货后与卖方结清。

第五十一条 近、远期合同转让以及合同到期后的交割和结算均参照上述期货交易办法处理。

第五十二条 买卖双方必须严格按照合约规定的商品、数量、规格等交收货物，并在交割前及时申报运输计划，积极组织调运，以确保在交割期内完成货物交割。

第五十三条　在货物交收过程中买卖双方所产生的异议由交易所协商解决；不能达成一致意见时，可向交易所仲裁部门申请裁决。

第五十四条　买卖双方交割后的最终成交发票必须使用交易所的统一发票。

第九章　交易员和出市代表

第五十五条　交易员是经会员单位委派并代表会员单位进交易所参加交易的人员，每一会员单位经法人委托可固定指派若干名交易员。

第五十六条　当日进场交易的交易员称出市代表，出市代表必须身穿出市代表专用制服。

第五十七条　交易员应具有一定的市场、贸易能力，熟悉金属材料等方面知识，遵守交易所的交易法规和制度，并经交易所培训考核合格，发给《交易员证》方能参加交易。

第五十八条　出市代表应接受本单位的交易指令进行交易，不得直接接受其他会员单位和非会员单位的委托。

第五十九条　出市代表必须对自己的每笔交易作详尽的记录，并归档保存，以备事后查证。

第六十条　交易员有对交易所的规章制度、交易活动等提出修改意见和批评、建议的权利，同时负有遵守交易规则、服从管理、严格履约、及时交纳有关各项费用的义务。

第六十一条　在交易过程中，出市代表如对交易主持人及交易所工作人员有异议，可向交易所或监事会反映。

第十章　代理业务

第六十二条　代理业务是指会员单位受理其他单位（客户）的委

托并指派其出市代表在场内进行交易的行为。

第六十三条 非会员单位不能直接进场交易，只能委托会员单位并通过出市代表进行买卖。

第六十四条 被代理者可以自由选择代理者，会员经营代理业务应有明确的代理章程。代理者必须对被代理者负责，在执行交易的过程中，会员单位和出市代表有为其代理客户保守秘密的责任。

第六十五条 会员单位在受理委托时，应要求客户填写交易委托书或以其他书面委托方式（含电传、电报指令），委托内容包括买卖商品的名称、质量品级、数量、价格范围、交割月份、委托期限等。

第六十六条 会员单位在受理委托时应将交易所的交易保证金和交易手续费的收费标准以及代理费用标准告知客户。另外，还应主动向客户提供交易情况及价格信息。

第六十七条 代理方可参照交易所有关规定和比率向被代理方收取委托保证金和代理佣金。代理佣金的数额包括向交易所交纳的手续费在内，不得超过成交金额的4‰。

第六十八条 买卖成交后，代理方应在委托期内将成交结果通知客户，如在有效委托期内未能成交，则委托代理关系自行解除。

第六十九条 会员单位的代理业务和自营业务必须分开，内部帐务分设。

第七十条 会员单位的任何个人和出市代表均不得以个人名义从事代理业务。

第七十一条 交易所有权对代理业务进行监督检查。

第十一章 监督、调解、仲裁、处罚

第七十二条 交易所对会员单位及出市代表在交易中发生的纠纷有

211

进行调解和仲裁的职能，并对违约违规行为有监督和处罚的权利。

第七十三条　凡交易双方不严格履行合约和合同所规定的各项条款的，均为违约。发生违约，现货交易，首先由交易双方协商解决，当双方不能达成一致意见时，由交易所予以调解。调解不成，由交易所提请监事会进行仲裁。期货交易，则先由交易所替代违约方履行合约责任，同时追究违约方的责任。

第七十四条　交易所对违约的调解、仲裁，将根据国家有关法律、法规和政策，视违约情节轻重和造成损失的大小，从违约方的保证金中划拨给受损方，如不足以抵偿损失时，交易所有权将其存仓合约代为平仓或通过经济或法律手段追索，并暂停其参加交易。对违约情况特别严重的，由交易所提请理事会批准，可终止或取消出市代表资格和会员资格。

第七十五条　会员单位受理客户委托进行买卖时，如客户违约，交易所仅追究受托方即会员单位的违约责任，会员单位再追究客户的责任。

第七十六条　会员单位及出市代表有下述行为属违规：

（一）未经代理业务登记及未制订明确的代理章程，擅自开展代理业务；

（二）在交易所内私下买卖合同和提货凭证；

（三）不通过交易所结算，不使用交易所统一专用发票和不开发票的现金交易；

（四）违反为其代理客户保密的规定或其他损害代理客户利益的；

（五）违反交易所价位涨落规定，在竞价交易中有意哄抬或压低价格；

（六）虚报市价，联手交易，从中谋利；

（七）出市代表不通过本会员单位而直接接受他人委托进行交易；

（八）现货合同在本所直接协商交易后未经交易所见证而转向场外交易。

第七十七条　对上述违规行为，交易所有权视情节轻重和造成损失的大小，分别给予批评教育、警告罚款、暂停交易直至终止或取消当事人的出市代表资格和会员单位资格的处罚。

第七十八条　对会员单位和出市代表违约、违规行为的处罚由交易所另行制订实施细则。

第七十九条　在交易过程中，交易所有关人员有弄虚作假、故意偏袒、内幕交易和错误导向行为的，当事人可向监事会投诉。

第八十条　出市代表和交易所职员违反本规则，构成犯罪的，由司法机关依法追究刑事责任。

第十二章　附　则

第八十一条　本试行规则的解释权属交易所理事会。

第八十二条　本试行规则经交易所理事会通过，报管理委员会批准后实施。

注：本规则由上海金属交易所理事会于 1992 年 5 月发布。

上海粮油商品交易所管理暂行规定

第一章　总　则

第一条　为了加强对粮油商品交易所的管理，规范期货交易行为，维护市场秩序，保障交易当事人的合法权益，制定本规定。

第二条　上海粮油商品交易所（以下简称"交易所"）是不以盈利为目的，为粮油等农产品期货交易提供场所、设施，并履行相关职责，实行自律性管理的事业法人。

第三条　交易所的任务是，依照期货交易规则和本规定，在指定场所公开、公平、公正、规范地组织粮油等农产品期货交易。

第四条　交易所由国家商业主管部门和上海市人民政府共同领导，接受交易所管理委员会（以下简称"管委会"）的监督管理。

第五条　与粮油期货交易有关的单位和人员均须遵守本规定。

第二章　组织机构

第六条　交易所设会员大会、理事会和专门委员会。

第七条　会员大会是交易所的权力机构。会员大会至少每年召开一次会议，须有三分之二以上的会员出席，其决议须经半数以上的会员表决通过后方可生效。

第八条　会员大会有以下职权：

（一）制定、修改交易所章程；

（二）选举和罢免理事；

（三）审议、通过总裁的工作报告；

（四）决定其他需要由会员大会审议、通过的事项。

交易所章程经会员大会通过后，报管委会批准。

第九条 理事会是会员大会的常设执行机构，向会员大会负责。理事会每届任期三年。

第十条 理事会的主要职责是：

（一）制定、修改交易所业务规则，报管委会批准；

（二）批准接受新会员；

（三）聘任交易所总裁；

（四）决定对会员开除会籍的处分；

（五）审定交易所总裁提交的工作计划；

（六）履行会员大会授予的其他职责。

第十一条 理事会成员应不少于七人，其中会员理事人数应不少于理事会成员总数的三分之一。

会员理事由会员提名，非会员理事由有关部门提名，经会员大会选举产生。

第十二条 理事会设理事长一人，副理事长一至二人。理事长由管委会提名，理事会选举产生；副理事长由理事会选举产生。

理事会会议由理事长召集。理事长因故不能履行职责时，由副理事长代行职权。理事会的决议须经理事会三分之二以上成员表决通过方可生效。

会员大会召开会议时，理事长担任会议主席。

第十三条 交易所设总裁一人，副总裁若干人，总会计师、总工程师、总经济师各一人。

总裁由政府有关部门提名，经理事会聘任，对理事会负责。总裁任期三年。

副总裁、总会计师、总工程师、总经济师由总裁聘任。

第十四条　总裁主持交易所的日常工作，是交易所的法定代表人。总裁因故不能履行职责时，由副总裁代行职权。

总裁为理事会当然理事。

第十五条　会员大会下设监察委员会。其职责是：

（一）监察理事会执行会员大会决议的情况；

（二）监察交易所总裁、副总裁及其他工作人员执行会员大会与理事会决议的情况；

（三）监察本规定和交易所章程、业务规则的执行情况。

交易所应制定监察委员会规则，报管委会批准生效。

第三章　会　员

第十六条　交易所实行会员制。

第十七条　申请会员须符合下列条件：

（一）经工商行政管理部门注册登记，具有独立的法人资格；

（二）注册资金在二百万元以上；

（三）有开展业务所需的资金、专业人员和各项管理制度；

（四）承认并遵守交易所章程；

（五）有良好的商业信誉。

第十八条　具备本规定第十七条各项条件的单位，要求取得会员资格的，按下列程序办理：

（一）向交易所提出书面申请并提交有关文件；

（二）交易所对申请单位进行审查，按择优吸收的原则提出审查意见，报理事会审议通过；

（三）交易所向取得会员资格的单位颁发会员证和交易证。

第十九条 会员有下列权利：

（一）参加会员大会，选举理事和被选举为理事；

（二）委派出市代表进场进行交易；

（三）使用交易所提供的公用设施和享受有关服务；

（四）对交易所工作提出建议；

（五）退出交易所。

第二十条 会员有下列义务：

（一）遵守本规定及各项业务规则；

（二）按规定缴纳有关费用；

（三）对自身名下的交易帐户承担责任；

（四）如实向客户揭示期货交易的风险，保管好客户存入的资金，保守客户帐户的秘密；

（五）按时向交易所报告业务情况；

（六）维护交易秩序和交易所的声誉，爱护交易所的财物。

第二十一条 会员应当在交易所以外设定与其业务相适应的代理机构。

第二十二条 会员从事自营业务须另行提出申请；未经批准，会员不得从事自营业务。

第二十三条 会员的出市代表和其代理机构的经纪、结算人员，须经交易所审核、培训，取得合格证书并注册后，方可从事交易业务工作。

第二十四条 会员及其出市代表的资格每年复审一次。

第四章 交 易

第二十五条 具有法人资格的单位和具有完全民事行为能力的公

民，可以客户名义在交易所会员的代理机构开立帐户，参与期货交易。

第二十六条　下列单位和人员不得参与期货交易：

（一）国家行政机关；

（二）交易所以及与交易管理直接有关的公职人员。

第二十七条　交易所交易的期货品种是小麦、大麦、大豆、大米、玉米、植物油脂和油料等农产品。

第二十八条　期货交易采用标准化合约。期货合约的基本内容包括合约名称，交易单位，合约月份，最小变动价位，每交易日价格最大波动限额，最后交易日，交割等级及地点等。

第二十九条　期货合约由交易所统一制定，经管委会批准后，由交易所制发。

第三十条　期货合约一经订立，即可上市交易。期货合约的交易实行无纸化形式。

第三十一条　期货的周期最长为十二个月。

第三十二条　期货交易的价格单位为：人民币元/吨。

第三十三条　每份期货合约为"一手"，交易数量必须是"一手"或其整倍数。

第三十四条　交易采用自由报价的集中竞价方式。

第三十五条　成交实行价格优先和时间优先的原则。

第三十六条　交易通过计算机终端递盘和发盘。买价与卖价吻合，计算机即撮合成交。

第三十七条　客户从事期货交易，必须委托会员的代理机构从事买卖业务。

出市代表在场内只能执行其所代表会员送达的指令。

第三十八条　期货交易实行分层次负责制度。交易所对会员负责，会员对客户负责。

第三十九条　交易者只能在买卖限额内从事交易活动，对超出买卖限额的持仓量，交易所有权采取强制平仓措施。

第四十条　会员应按规定向交易所报告其交易业务情况；交易所有权对会员的交易业务情况进行检查。

第四十一条　交易所对交易价格实行涨停板、跌停板制度。

交易所可以根据交易行情变化，调整价格最大波动限额。调整幅度在合约标明的价格波动限额基础上扩大百分之五十以上的，须经管委会批准。

第四十二条　会员经批准兼营自营业务的，必须分别设立自营交易帐户和代理交易帐户。自营业务和代理业务必须由不同的业务部门办理。

第四十三条　兼营自营业务的会员，必须优先执行客户委托代理交易的指令。

会员进行自营买卖时，应当向相对交易人明示。

第四十四条　所有合约相同、买卖相反的交易定单，必须通过交易所公开交易，会员不得自行配对成交。

所有合约相同、买卖相反的持仓，不得自行在帐户之间对冲。

第四十五条　交易行情信息由交易所统一公布。

第四十六条　禁止下列行为：

（一）会员与客户之间、客户相互之间进行场外交易、内幕交易；

（二）会员利用客户的帐户或名义为自身从事期货交易；

（三）会员泄露客户的委托事项及其他有关交易秘密；

（四）制造或者散布虚假的信息；

（五）泄露未经公布、影响行情的信息；

（六）会员对客户提供获利的保证；

（七）会员为未办妥开户手续的客户从事交易；

（八）操纵市场或者扰乱交易秩序。

第五章 结 算

第四十七条 交易所设立结算部，对交易所的交易进行统一结算。

第四十八条 会员的交易帐户由交易所统一结算和管理；客户的交易帐户由委托代理的会员统一结算和管理。

交易所有义务向会员报告帐户情况；会员有义务向客户报告帐户情况。

第四十九条 交易实行保证金制度。保证金分为结算保证金、履约保证金和追加保证金。结算保证金不足规定数额的，不得进行交易；履约保证金不足规定数额的，必须按规定缴足追加保证金。

对追加保证金不足规定数额的持仓，交易所有权采取强制平仓措施。

第五十条 交易实行日结算制度。每交易日的全部交易帐户须在下一交易日开盘前结清。每交易日的结算价由交易所在当日收盘后公布。

第五十一条 各交易帐户的资金收支必须分列，禁止挪用、套用不同帐户之间的资金。

第五十二条 会员必须将客户帐户资金控制在交易所规定的最低限额以上。

第五十三条 交易平仓后，交易所或者会员应将交易者的履约保证金清退。交易者对其帐户中的盈余部分，可以提取。

企业交易者对其帐户中的盈利应列入利润，对交易损失可在企业利润中轧抵。

第五十四条 交易达成后，应按规定标准，由客户向会员缴纳手续费，会员向交易所缴纳手续费。

第五十五条 客户有权查阅其帐户情况。

第五十六条 所有在交易活动中形成的业务记录、单据、凭证、账册等，必须完整保存五年。在此期间内，政府有关部门和交易所可按规定查阅。

第六章 交 割

第五十七条 合约进入交割月份，卖出方可以提出交割要求，买入方应随时准备接受交割要求；在最后交易日收盘时尚未对冲的合约持有者，均须履行交割。

第五十八条 交割实行三日交割制，依次为持盘日、通知日、交割日。

第五十九条 交割采用票据交换方式。交割双方按交割通知要求办理票据交换手续。卖出方须提交栈单、发票；买入方须提交付款凭证；票据经交易所验证、交换、交割即告完毕。

交易所负责办理会员之间的交割配对及票据交换手续，会员负责客户之间的交割配对及票据交换手续。

第六十条 交割物品的价格以持盘日结算价为基准，允许采用以交割物品的替代品进行实际交割的升贴水标准，但须由交易所予以确认。

第六十一条 交易所设置定点交割仓库，为交割提供仓储、栈单和交割物品等服务。交割仓库应配备必要的设施。

第七章 仲裁与处罚

第六十二条 会员之间或者会员与客户之间发生的业务纠纷，双方协商无效的，可以提请交易所仲裁。

提请仲裁的各方当事人，应达成仲裁协议，并提出书面申请。

第六十三条 交易所在收到当事人仲裁申请书之日起，应在三十日内作出仲裁决定。

第六十四条 会员在代理客户买卖或者自营买卖时，违反本规定给客户造成损害的，应承担赔偿责任。

第六十五条 对违反本规定的行为，交易所可责令当事人立即停止违法、违规行为，并给予警告、停止交易或者取消会员资格的处罚，还可按交易所章程给予经济处罚。

第六十六条 管委会对违反本规定和交易所章程、业务规则的当事人，有权责成有关部门依据有关规定给予行政处分或者行政处罚。

第八章　附　则

第六十七条 本规定的具体应用由管委会负责解释。

第六十八条 本规定自发布之日起施行。

注：本规定由上海市人民政府第 39 号令于 1993 年 7 月 10 日发布。

上海粮油商品交易所期货交易业务试行规则

第一章 总 则

第一条 为保证粮油商品期货（以下简称期货）交易公正、有序地进行，根据《上海粮油商品交易所管理暂行规定》，制定本规则。

第二条 本规则所称交易市场，指上海粮油商品交易所（以下简称本所）设立的期货集中竞价买卖之场所。

第三条 本规则所称期货合约，指规定在未来某一既定时间、地点以既定的数量、质量及在交易市场中产生的价格交收某一粮油商品的合约。

第四条 本规则所称代理，指会员充当交易中介，接受客户委托并按照客户指令买卖期货。

第五条 本规则所称客户，指通过会员代理，从事期货交易的法人和自然人。

第六条 本规则所称自营，指会员以自己的名义和帐户在交易市场买卖期货。

第七条 本规则所称开仓，指买入或卖出期货合约。

第八条 本规则所称平仓，指对前所买入（卖出）的期货合约，进行反向交易（即对冲），或根据合约规定交收实货。

第九条 本规则所称持仓，指买入或卖出期货合约未平仓。

第十条 本规则所称部位，指市场约定，期货合约的买方处于买空（多头）部位，卖方处于卖空（空头）部位。

第十一条 本规则所称交割，指在规定时间内合约买、卖方到规定的地点，以栈单与货款交换的方式履约平仓。

第十二条 本所每周一至周五及周六上午为营业日，在营业日内开市交易，或办理结算、交割。法定假日不营业。

第十三条 本所交易业务，除遵照有关法规、法令规定外，依本规则办理。

第二章 交易市场

第十四条 本所交易市场每周一、三、五为交易日，每交易日分上午市和下午市，上午九时至十一时为上午市，下午一时三十分至三时三十分为下午市。

第十五条 本所交易市场开市、闭市均以鸣铃为号。

第十六条 遇有特殊情况，本所可宣布延时开市或提前闭市。开市后遇偶发事故，本所可宣布暂停交易。

第十七条 进入交易市场限于下列人员：

一、会员出市代表；

二、本所场务执行人员；

三、本所特许人员。

第十八条 各会员应派两名出市代表，每市必须到场。

第十九条 出市代表经本所培训考试合格，并在本所登记注册后方可出任。

第二十条 出市代表须按规定着装并佩戴证件，于开市前二十分钟到场，迟到者不得进场。

第二十一条 出市代表在场内只能按其会员送达的指令从事交易活动。会员对其出市代表在场内的交易行为负责。

第二十二条 出市代表须遵守交易市场的一切规定，自觉维护市场

224

秩序。对严重违反规定者，本所可通知其离场和取消其出市代表资格。

第二十三条 本所场务执行人员由本所工作人员担任，按规定着装，并佩戴标志进场。

第二十四条 特许人员进入交易市场应由本所人员陪同，进场后不得参与或妨碍交易活动。

第三章 期货合约

第二十五条 本所交易市场上市品种，限于经批准的期货合约。

第二十六条 期货合约的内容为合约名称、交易单位、最小变动价位、每交易日价格最大波动限制、合约月份、最后交易日、交割等级、交割地点等。

第二十七条 期货合约的交易单位，粮食为五吨，油脂为一吨，其他品种另行公布。

第二十八条 买卖期货申报竞价的最小变动价位，粮食为每吨1元，油脂为每吨5元。

第二十九条 每个交易品种每交易日价格最大波动限制，以上一交易日该品种结算价为基准，具体限额（约5％）载明于合约。

第三十条 期货的合约月份，为五至八个月不等，一个合约月份即为一个交易品种。

第三十一条 每个合约月份的第三个星期一（遇假日顺延），为该合约的最后交易日。

第三十二条 每个交易品种的交割等级，于合约载明。质量指标执行国家标准，载明于合约附件。

第三十三条 实货交割地点，为本所定点仓库，于合约载明。

第三十四条 每一期货品种的交易周期为十二个月，即上年合约月

225

份最后交易日的下一个交易日至本年合约月份的最后交易日。

第三十五条　本所交易市场期货合约买卖以无纸化方式进行。

第四章　委托和代理

第三十六条　从事期货买卖代理业务的，必须是本所的会员。

第三十七条　会员受理期货买卖委托业务，限于经本所注册的营业机构。

第三十八条　客户买卖期货，可选择某会员为其代理人，并向该会员申请开立期货买卖帐户。

第三十九条　客户申请开户时，须办理登记，并填写本所统一制作的期货开户登记表（一式三份）。

第四十条　开户登记分自然人登记和法人登记。

第四十一条　自然人登记应提供身份证原件，并载明登记人姓名、性别、身份证号码、家庭地址、联系电话，留存印鉴或签名样卡。

第四十二条　法人登记应提供营业执照原件，并载明单位名称、地址、法定代表人及本单位期货买卖执行人的姓名、性别、联系电话，留存单位和法定代表人印鉴及法定代表人授权期货买卖执行人的书面授权书。

第四十三条　企业法人在登记时，须注明开户目的，开户目的分套期保值和投机。

第四十四条　以套期保值为目的的开户登记，限于生产、经营粮油商品及以粮油为加工、生产原料的企业。

第四十五条　会员在接受客户开户申请时，须向客户提供期货交易风险声明书、客户应仔细阅读并理解后，在该风险声明书上签字。

第四十六条　会员在接受客户开户申请时，双方须签署协议书，协议书至少应包括下列条款：

一、遵守本所关于期货交易、保证金交收、盈亏清算及实货交割的一切规定；

二、缴付每一宗交易、交割费用；

三、双方可能因通讯未达或偶发事故而造成损失的责任范围；

四、会员对客户持仓合约强行平仓的权限及客户对由此造成损失的责任。

在签署前述协议书后，会员方可接受客户开户。

第四十七条 会员在向客户提供期货买卖帐户卡时、须统一按本所规定的会员编号，分自然人投机、法人套期保值或投机编制号码，并将号码载入相应的期货开户登记表，其中一份应于当日送本所备案。

第四十八条 期货买卖帐户卡交由客户持有，为客户买卖期货、存取资金的凭证。

第四十九条 会员对客户存入期货买卖帐户的所有资金、须分账管理，不得将客户的资金挪作客户自身买卖期货之外的用途。

第五十条 会员必须完成本规则第三十九条至四十七条规定的事项后，方可接受客户的委托买卖。

第五十一条 客户委托买卖期货，须按本规则第八十一条规定存入资金，按本规则第八十四条至八十五条规定，交纳或追加保证金。

第五十二条 买卖期货的委托，须由客户在会员营业时间内和会员受理委托的时间内向会员办理。

第五十三条 委托买卖限于书面委托、电话委托和传真委托三种形式。

第五十四条 客户买卖期货，书面委托时须填写定单并签章；电话委托和传真委托，委托前须由客户和会员签订电话委托或传真委托协议书，明确联系、核对的方式、凭证，委托时由会员代为填写定单，电话委托的，须留有可查的委托依据，传真委托的，须将传真件粘附于定单后。定单均一式三联。

第五十五条 委托买卖的定单内容为客户编号、买或卖、品种代码、合约数量、开仓或平仓、交易指令等。

第五十六条 交易指令有以下几种：

一、市价指令，指立即以当时最好的价格买入或卖出的指令。

二、限价指令，指在执行时必须按限定的价格或更好的价格买入或卖出的指令。

三、止损指令，指在价格跌至预定限度即以市价卖出或上涨到预定限度即以市价买入的指令。

四、停止限价指令，指在价格跌至预定限度后才以限价卖出或上涨到预定限度后才以限价买入的指令。

五、限时指令，指在规定时间内予以执行的指令。

第五十七条 买卖数量，必须是本所规定的起点数或其整倍数。

第五十八条 会员业务人员在接受客户定单时，应依序编号、加盖时间戳记和本人印章，并将其中一联交客户收执。

第五十九条 客户委托买卖定单的有效期，为上一交易日闭市后，下单之时起，到本交易日闭市时止。

第五章　交　易

第六十条 会员业务人员在受理委托后，应立即通知驻场出市代表。

第六十一条 出市代表接通知并在场内交易记录单记录后，应及时将客户的指令输入交易席上的计算机终端进行竞价交易。

第六十二条　出市代表输入买卖指令时，须依次输入客户编号、买或卖、品种代码、合约数量、开仓或平仓、单价等，不得跳号跳栏。

第六十三条　本所计算机在接受终端输入的买卖申报时，取各期货品种的最高申报买价和最低申报卖价公布于电子显示屏。

第六十四条　本所按价格优先、时间优先的原则成交。计算机在处理买卖申报时、较高买进申报价优先于较低买进申报价成交，较低卖出申报价优先于较高卖出申报价成交；同价位申报，先申报者优先成交。

第六十五条　本所计算机在处理申报竞价时，最高买进申报与最低卖出申报价位相同，双方的申报价即为成交价；如买（卖）方申报价高（低）于卖（买）方的申报价，则按双方申报价格的平均价（见角进元）为成交价。

第六十六条　买卖申报经计算机撮合成交时，有关会员交易席上的终端即显示成交情况，出市代表应及时将有关成交情况记录于场内交易记录单，并通知本会员场外业务人员。

第六十七条　会员业务人员接到成交通知后，应即在留存的二联定单上填入成交情况，并及时转告客户，成交定单的一联交客户核对收存。

第六十八条　申报买卖的数量如未能一次全部成交，其余量仍存于本所计算机，继续参加竞价交易。

第六十九条　在委托有效期内，客户可提出变更委托和撤销委托，但限于未输入计算机终端之前。

第七十条　客户变更或撤销委托，须填写改单，会员业务人员受理后应即刻通知出市代表，并当即将执行结果告知客户。

第七十一条　每交易日闭市后，由本所场务执行人员汇制出各会员当日成交清单（一式二联），交会员出市代表核对签章，其中一联留存本所,另一联交会员收存。

第七十二条　会员对客户之间交易品种相同、部位相反的委托,须在本所交易市场公开交易,不得私下成交。

第七十三条　当某一粮油品种的三个或更多合约月份的价格在一天内涨或跌至停板额时,本所可视情况于下一交易日在该品种原停板额基础上扩大50%,扩大后的波动限额一般维持三个交易日,此间价格波动幅度减小,则在第四个交易日恢复原停板额。

第七十四条　本所可决定和临时决定会员及客户某一合约和全部合约的持仓最高数额。会员、客户的有关持仓,不得超过本所规定的限额。

第七十五条　会员、客户在本所规定的持仓限额公布后,再行超出的部分,本所有权对会员的超出部分强行平仓和责成会员对客户的超出部分强行平仓。在本所临时规定的持仓限额公布时已超出的部分,本所可限期平仓,逾期未能平仓的,按前款规定强行平仓。

第七十六条　强行平仓按本所交易市场的市价执行,由此发生的费用及一切损失由违者承担。本规则第一○一条、第一○七条、第一一四条和第一四八条所称的强行平仓亦同。

第七十七条　会员必须忠实地按客户的要求买卖期货,不得以任何方式损害客户的利益,否则须负责赔偿。

第六章　保证金

第七十八条　会员参加本所交易市场交易,须向本所交存结算保证金。结算保证金由会员根据各自的交易规模申报,起点为五十万元,增加以每十万元为单位,经本所批准后交存。

第七十九条　本所根据各会员交存的结算保证金数额,核定各会员每交易日递增持仓限额，任何会员不得超过该限额。

第八十条 结算保证金存于本所保证金帐户，会员在存入本规则第七十八条规定的结算保证金（含增加部分的结算保证金）后，方可参加交易。

第八十一条 客户委托买卖时，须在其帐户中存入买卖合约所需履约保证金的资金，存入资金时，会员应开具凭证。

第八十二条 客户买卖期货合约应有的履约保证金数额，在初始水平（下称初始保证金）和维持水平（下称维持保证金）之间。

第八十三条 每种合约的维持保证金和初始保证金水平，在价格风险模拟分析的基础上确定和调整，由本所不定期公布。

第八十四条 客户开仓时，须按本所规定向会员交纳初始保证金，初始保证金由会员从客户的资金帐户中划转。

第八十五条 如合约价格发生不利波动，客户交纳的履约保证金在弥补亏损后的余额低于持仓合约维持保证金时，须补交至初始保证金水平。

第八十六条 会员须按当日结算价计算的持仓合约价值的5%～15%比例向本所交纳履约保证金。每种合约具体的履约保证金比例由本所另行公布。

第八十七条 前条所称持仓合约，为会员代理客户买卖所有未平仓合约的累计，本规则第九十一条、第九十七条所称持仓合约亦同。

第八十八条 每交易日闭市结算后，会员须向本所交纳的履约保证金由本所先从结算保证金中划转。

第八十九条 会员不如期交纳履约保证金而造成结算保证金不足，不得进行开仓交易。

第九十条 对于已平仓的合约，本所将相应的履约保证金划转给会

231

员，会员也须将相应的保证金划转给客户，在划转时，须将平仓盈亏轧抵。

第九十一条 每交易日闭市后，会员须在本所指定银行开设的帐户中存入相当于持仓合约履约保证金总额5%的可调自有资金，用于防止风险。

第九十二条 会员交存的结算保证金和客户存入的资金，按银行规定的企业活期存款利率计息，由本所定期结算支付给会员，会员定期结算支付给客户。

第七章　结　算

第九十三条 本所以每一交易日为一个结算期。

第九十四条 会员须在本所指定银行开设帐户，并保持足够的资金，以保证每交易日结算支付款项之需。

第九十五条 本所结算业务，统一按一次净额交收的原则办理，本所（会员）在一个结算期中，对会员（客户）期货交易的盈亏和保证金结算，只计其应收应付款项相抵后的净额。

第九十六条 本所每种期货合约的结算价格，为该合约当日成交价的加权平均价。

第九十七条 每交易日闭市后，本所即计算出当日每种合约的结算价格，并依据每一会员的当日成交清单和持仓合约作如下清算：

一、平仓盈亏；

二、持仓盈亏；

三、应追加（清退）的保证金。

第九十八条 前条所列清算款项的计算方法为：

一、平仓盈亏为当日开仓并平仓（下称即日平仓）盈亏与以前开仓、当日平仓（下称隔日平仓）盈亏之和。

（一）即日平仓盈亏为各种合约即日平仓盈亏之累计。每种合约即日平仓盈亏等于该合约平仓价与开仓价的差值再乘以即日平仓数。

（二）隔日平仓盈亏为各种合约隔日平仓盈亏之累计。每种合约隔日平仓盈亏等于该合约平仓价与昨日结算价的差值再乘以隔日平仓数。

二、持仓盈亏为当日开仓未平仓（下称即日持仓）盈亏与以前开仓延至当日未平仓（下称延至持仓）盈亏之和。

（一）即日持仓盈亏为各种合约即日持仓盈亏之累计。每种合约即日持仓盈亏等于该合约当日结算价与开仓价的差值再乘以即日持仓数。

（二）延至持仓盈亏为各种合约延至持仓盈亏之累计。每种合约延至持仓盈亏等于该合约当日结算价与昨日结算价的差值再乘以延至持仓数。

三、应追加（清退）的保证金，按当日持仓应收履约保证金总额减去上一交易日已交履约保证金总额，再减去平仓盈亏、持仓盈亏及费用得出。正数为追加数，负数为清退数。

第九十九条 前条第三项所称费用，按本规则第一五九条至第一六○条规定计收。

第一○○条 本所在闭市结算后，即编制保证金结算表交各会员，向会员追收或清退保证金。

第一○一条 本所向会员追收的保证金，会员须在第二日上午本所营业时间内（遇假日提前至当日），到本所付清款项。会员未能按时付清款项致使履约保证金数额不足，本所有权对其相应的持仓强行平仓。

第一○二条 本所应清退给会员的保证金，由会员填写保证金清退单，经本所核准后转入其帐户。

第一〇三条 每交易日闭市后，会员应根据本所公布的每种合约当日结算价及每一客户当日的平、持仓量，对客户作如下清算：

一、平仓盈亏；

二、持仓盈亏；

三、应追加（清退）的保证金。

第一〇四条 平仓盈亏和持仓盈亏，按本规则第九十八条第一、二项所述方法计算。

第一〇五条 应追加或清退的履约保证金，按客户帐户的资金加上平仓盈亏和持仓盈亏再减去费用后的余额确定，如该资金余额小于维持保证金数额，会员应即向客户发出追加保证金通知单，将客户帐户资金追收至初始保证金水平；如大于初始保证金数额，客户可支取大于初始保证金以上部分的资金。

第一〇六条 前条所称费用，按本规则第一五七条至一五八条规定计收。

第一〇七条 客户收到追加保证金通知单后，须在会员规定的时间内，到会员结算部门补足款额。如未能按时补足，会员有权对客户所有或部分持仓合约强行平仓。

第一〇八条 会员须按本所规定设立代理买卖分户帐，用于逐日同步记载客户存入的资金余额，期货品种和平、持仓合约数量，平、持仓盈亏，履约保证金数额及保证金追收等情况。

第一〇九条 会员应于每月六日前，向客户提供期货买卖帐户变动情况的月结算表。

第一一〇条 会员结算人员须严格遵守本所结算业务的规定，违者，本所可责成会员予以处理。

第八章　交　割

第一一一条　本所设立定点仓库，为实货交割组织储备货源，并将一定品种、数量、质量的货物以栈单的形式为卖方提供现货凭证。

第一一二条　栈单统一按本所提供的规格样式印制，每一品种、等级的栈单面值，粮食为伍吨、拾吨、伍拾吨、壹佰吨四种，油脂为壹吨、伍吨、拾吨、伍拾吨四种。

第一一三条　用于交割的栈单，须按约定的品种、等级向定点仓库购取。

第一一四条　进入合约月份，会员可要求持该月份合约的卖方提供实货凭证，可向买方预收一定的交割货款。客户不能如期提供上述凭据或货款，会员可对该持仓强行平仓。

第一一五条　进入合约月份，合约卖方可提出以交割实货平仓，至合约月份最后交易日闭市时，持合约的买、卖方，必须以交割实货平仓。

第一一六条　合约月份最后交易日（不包括最后交易日）前的交割，由本所负责实施，客户履行交割，须通过会员办理。

第一一七条　进入合约月份时，持空头合约的客户，向会员提出交割实货的同种合约数量不得小于五十手。

第一一八条　客户要求交割实货，会员接受客户要求向本所申报交割实货，应在同一交易日闭市前提出，闭市后提出，视同下一交易日提出。

第一一九条　客户向会员提出交割实货的当日，不得进行该部分合约的反向交易。

第一二〇条　进入合约月份时，客户要求在最后交易日（不包括最后交易日）前交割实货，须备好栈单并填写交割申请单，由会员审核后交本所核准。

第一二一条 合约月份最后交易日闭市后的交割，同一会员的客户，所持每种合约空头、多头数量相抵的部分，由会员负责实施，相抵后净持仓，由本所负责实施。

第一二二条 前条所称相抵后的净持仓由本所负责实施，指本所对会员的净持仓部分，以会员的名义配对和交割。

第一二三条 交割分持盘日、通知日、交割日依次进行，且须在最后交割日前（含最后交割日）完成：

一、合约月份最后交易日前，合约卖方提出交付实货的当日（闭市后）和合约月份最后交易日（闭市后）为持盘日。最后交易日之前的交割，由本所为买卖方配对。其交收对象是持多头合约最长的买方。最后交易日之后的交割，按本规则第一二一条规定，由本所和会员分别为买卖方配对。交收实货的相应持仓，由会员、本所在该日作最后盈亏结算。

二、持盘日的下一个营业日为通知日，本所、会员将配对结果以交割通知单通知买卖双方。会员向买卖双方发出通知的同时，须将通知单一联送至本所，本所依通知单注销双方相应的持仓。

三、通知日后五个营业日均为交割日，第五个营业日为最后交割日，交割日由卖方选定并书面通知买方。交割日下午二时前，卖方持栈单和发票及一份发票副联，买方持货款（支票）到会员或本所交割部门办理票据交换，发票副联由会员或本所交割部门收存。

第一二四条 票据交换后，买卖双方须填写交割确认单并签章，会员负责实施的须一式二联，其中一联应于当日送至本所，未能于当日送达的，按本规则第一六〇条规定，以三倍的标准向本所缴纳交割手续费。

第一二五条　本所、会员依交割确认单退还实货交割双方的履约保证金，退还履约保证金为帐户内划转处理。

第一二六条　会员在本所为客户办理的交割，须在交割日前取得其客户用于交割的货款或栈单，并将货款存入其帐户。交割后，应及时为客户办理货款划拨或栈单提领等事宜。

第一二七条　卖方如采用替代品交付实货，亦以栈单的方式进行。

第一二八条　买卖双方的实货交割价为持盘日相应合约的结算价或持盘日相应合约结算价与替代品升贴水之和。

第一二九条　替代品以合约载明品种等级为限，其升贴水按本所公布的升贴水率计算。

第一三〇条　本所可根据本交易市场合约价格与现货市场替代品价格的价差变化，不定期调整升贴水率。

第一三一条　定点仓库在出售栈单时须加盖日期戳记，栈单回收后不得重复使用。

第一三二条　栈单售出之日至合约月份最后交割日的栈租费由实货交割卖方负担，合约月份最后交割日的下一日至提货日的栈租费由实货交割买方负担。

第一三三条　栈租费不满十五天（含十五天）按十五天计收，十六天以上按实际天数计收。

第一三四条　实货交割卖方在购取栈单时须一次付清至最后交割日的栈租费，定点仓库须在栈单上注明栈租费付止日。

第一三五条　实货交割买方应在合约月份下一个月底前，到定点仓库办理提货或委托保管，逾期办理，定点仓库可按逾期天数加倍收取栈租费。

237

第一三六条　定点仓库提供的实货须与栈单标明的品种及质量标准一致。

第一三七条　实货交割买方凭栈单提货时，如实货较栈单标明的质量标准有差异（在允许范围内），定点仓库应按本所的升扣价规定与客户结算差价。

第一三八条　实货交割卖方如自备实货，须符合交割条件，并运抵合约载明的定点仓库，定点仓库检验合格、接收入库后，应为卖方提供相应的栈单，实货转换栈单，视同栈单售出（购取）。实货进库发生的费用，由卖方付给仓库。

第一三九条　允许交割双方协商在定点仓库以外的地点交收实货，但双方须另行签订合同。

第一四〇条　协商交割的双方须在交割日的下午二时前将合同副本（二份）送交开户会员，送交合同书时的其他手续和要求按本规则第一二四条至第一二五条规定办理，其中会员于当日送至本所的交割确认单须将合同粘附于后。

第一四一条　协商交割发生违约和纠纷，会员不承担责任，本所不受理仲裁。

第一四二条　在实货交割时，卖方未能在规定时间内如数交付栈单，买方未能在规定时间内按实交付货款（支票）或支票不能兑现的，即为违约，由此造成的损失，会员、本所有权向违约方追索赔偿。

第一四三条　会员不得因其客户违约而不履行交割的责任。对不履行交割责任的，本所有权强制执行。

第一四四条　定点仓库发生空卖栈单、单货不符、滥行收费等行为，本所有权责成其整改或退赔，情节严重的、本所可取消其定点仓库资格。

第九章　会员自营

第一四五条　在本所交易市场自营买卖期货，限于本所批准可经营自营买卖业务的会员。

第一四六条　会员自营买卖期货，须单独开设帐户，其资金不得与客户的资金混淆。

第一四七条　会员自营买卖时，须在其帐户中存入买卖合约所需履约保证金的资金。

第一四八条　会员自营帐户内持仓合约的履约保证金，由会员按客户的水平自行计收，如数额不足，本所有权强行平仓。

第一四九条　会员自营买卖的持仓，须计入其客户的总持仓量内，并按同一比例向本所交纳履约保证金。

第一五〇条　会员自营买卖交割实货，视同客户交割实货，按本规则第一一七条至第一四一条的有关条款办理，但在通过本所办理交割的部分中，应首先纳入自营的交收数量。

第一五一条　兼营自营业务的会员，必须优先执行客户的买卖指令。

第一五二条　兼营自营业务的会员，不得将客户的委托买卖在场外为自己作对应买卖，或将客户交易品种相同，部位相反的委托在场外居间买卖，从中牟利。

第一五三条　会员不得以自营买卖的名义，代他人在交易市场买卖期货。

第十章　风险责任

第一五四条　会员对其在本所成交的合约负有承担风险的责任。

239

第一五五条　会员不能履行合约责任时，本所有权采取下列保障措施：

一、暂停其参加本所交易。

二、按本规则第一〇一条规定强行平仓和按本规则第一四三条规定强制交割。

三、用该会员的结算保证金或责成会员用可调自有资金履行赔偿。

四、对该会员名下的其他持仓合约强行平仓，并用平仓后的保证金履行赔偿。

五、用该会员的席位金和其他资金履行赔偿。

六、用法律的程序继续追索赔偿。

第十一章　费　用

第一五六条　客户向会员申请开立期货买卖帐户，须缴纳开户费50元人民币，其中20元由会员交纳给本所。

第一五七条　客户在买卖期货成交时，会员可按每一合约（单边）20元以内收取手续费。

第一五八条　客户在交割（含协商交收实货）时，会员可按每一合约（单边）收取不高于30元的交割手续费。

第一五九条　会员买卖期货合约成交时（不论代理买卖和自营买卖），须按每一合约（单边）向本所交纳5元手续费。本所可对手续费标准作临时性调整。

第一六〇条　会员负责实施的实货交割和会员在本所办理实货交割，在交割时均按每一合约（单边）10元向本所缴纳交割手续费。

第十二章　行情告示

第一六一条　本所遵循市场公开原则，对会员申报竞价，成交及有关行情予以公开告示。

第一六二条　本所交易市场的申报价格、成交情况，以本规则第六十三条、第六十六条规定的方式告示。

第一六三条　本所行情告示，为上一交易日各上市品种的收盘价、结算价和当日各上市品种的开盘价、最低卖出申报价、最高买入申报价、最新成交价、最低成交价、最高成交价、收盘价、结算价、成交量、空盘量等指标。

第一六四条　本所当日结算价格，于闭市结算后公布。

第一六五条　本所的行情告示，可连通至会员设在本所所址的办公用房内，并逐步发展到通过通讯网络传送至会员的营业场所。

第一六六条　本所定期出版刊物并通过新闻媒介向社会公众公开报道有关行情信息。

第十三章　仲　裁

第一六七条　会员相互之间发生的交易业务纠纷，客户、定点仓库相互间发生的商务纠纷，在自行协商无效时，可提请本所仲裁，并承认本所的仲裁为终局裁决。

第一六八条　会员与客户订立协议书时，应约定发生纠纷在自行协商无效时，由本所仲裁，并承认本所仲裁为终局裁决，对未有仲裁约定的纠纷，本所不受理仲裁。

第一六九条　纠纷当事人向本所申请仲裁的期限，为发生纠纷之日起三个月内。

第一七〇条　提请本所仲裁的当事者，应向本所提出书面仲裁申请，本所在对纠纷进行审理时，可先行协调解决，也可直接作出书面裁决。

第十四章　处　罚

第一七一条　会员、定点仓库违反本规则，除本规则已订立的处罚条款外，由本所按《上海粮油商品交易所管理暂行规定》进行处罚。

第一七二条　客户违反本规则条款，由本所提请有关部门进行处罚。

第一七三条　本所工作人员违反本规则条款，由本所根据《上海粮油商品交易所管理暂行规定》和《上海粮油商品交易所职工奖罚规定》进行处罚。

第一七四条　凡对本所处罚不服的当事者，可提请本所主管机关复议或向人民法院提起诉讼。

第十五章　附　则

第一七五条　本规则如有未尽事宜，本所可修订补充。

第一七六条　本规则经管理委员会通过后实施，修改时亦同。

第一七七条　本规则解释权属本所。

注：本规则由上海粮油商品交易所管理委员会于 1993 年 1 月 10 日通过。

后　记

中国期货市场建立已经有二十多年的历史。我作为初创者和亲历者之一，对初创年代的这段经历怀有独特的感情。为了记录当年期货市场建立和发展的情景，近年来，我陆续撰写了一系列文章，记述新中国期货市场建立和发展的过程，回顾上海粮油商品交易所创建的经历，分析比较早期的期货交易所（市场）管理规定和交易规则，记录当年期货市场几个典型事件的详情。现将这些文章整理成《中国期货市场初创年代回忆》这本书。本书从一个侧面，记载了中国期货市场初创年代的一些史料，供关心这段历史的读者参考。同时，这本书收录了我在上海粮油商品交易所筹建过程中收集的民国时期上海粮油交易市场资料，包括民国时期粮油期货市场交易规则资料和当年参与者的口述资料。本书还收录了我近年撰写的《大宗商品与国际经济竞争》一文，意在建言作为全球第二大经济体的我国，需要更加重视在国际大宗商品领域价格话语能力的建设，增强配置全球资源的能力，在经济全球化和国际经济竞争的环境中，维护国家的经济利益。本书最后还收录了改革开放初期部分期货交易所（市场）管理规定和交易规则，作为研究期货市场历史的参考资料。

在此我要衷心感谢上海期货交易所姜岩理事长和席志勇总经理及上海期货与衍生品研究院的同志对出版本书的大力支持！没有上海期货交易所的鼓励和支持，对我来说可能就没有动力来完成此书。当年的上海粮油商品交易所作为今天上海期货交易所的前身之一，为中国期货市场的建立和发展作出了积极探索，今天的上海期货交易所已成为国际知名交易所。作为当年的初创者，我为上海期货交易所的成就感到骄傲。我衷心祝愿上海期货交易所在推动中国金融市场发展过程中不断取得新的成就！

最后，我要感谢上海期货交易所陈建平先生和林帆博士以及百联集团许斌先生对本书成稿的大力帮助！

贺　涛
2018 年 10 月